KB271702

1% 리더의 습관

1%
리더의 습관

리더의 품격이 어떻게 회사를 살리는가

리치 아이흐 **지음** 유지훈·이현정 **옮김**

맥스 *media*

성공한 리더의 습관!
아이흐 박사의 '리더십 8계명'에
그 해답이 있다!

1. 리더에게는 원칙이 있다. 늘 정의를 꿈꾸고, 자기 자신을 넘어서서 더 원대한 가치를 구현하길 원한다.

2. 리더는 단순히 '보스'처럼 굴지 않는다. 평소에는 침착하게 보여도, 실적과 사기를 저해하는 '불량 직원'이 나타나면 이를 절대 용납하지 않는다.

3. 리더는 분명하고 솔직하다. 단도직입적으로 소통하지만 남의 말을 경청할 줄도 안다.

4. 리더는 체질부터가 다르다. 그들의 열정은 건실한 기업문화로 승화된다.

5. 리더는 부하 직원들을 공적인 일뿐 아니라 사적으로도 도와주고 아낀다.

6. 리더는 물러서야 할 때를 안다.

7. 리더는 성공을 위해 왜 인격과 성실성이 필요한지를 안다.

8. 리더에게는 '접근성'이 있어야 한다. 진정한 리더들은 겸손하기에, 다가가기 어렵지 않다.

지금까지 리더십 관련 책들을 숱하게 읽었지만 『1% 리더의 습관』처럼 독자들에게 직책을 막론하고 리더십에 대한 영감을 줄 수 있는 신선한 저서는 찾기 힘들다.

리치 아이흐는 실현 가능한 '비법'을 효과적으로 전달하고 있다. 이는 기업이나 직종에 상관없이 모든 업무에 적용 가능한 비법들이다.

이 책에는 직장에서의 자신의 역할을 좀 더 이해하고, 성취도를 높이는 노하우를 배우고자 하는 이들에게 공통적으로 적용되는 귀중한 교훈이 담겨 있다.

리치는 현재 미시간 대학 동문회 이사로서 전 세계 52만 5천여 명의 동문을 섬기고 있다. 그런 그가 말하는 리더십이란 딱딱한 수학 공식이 아닌, 경험을 통해 배우는 기술이다.

『1% 리더의 습관』은 당신의 직위를 막론하고 승진을 향한 발판이 되어 줄 것이다. 진정한 리더가 되고 싶은가? 혹은 다른 이가 리더가 되도록 돕고 싶은가? 그렇다면 이 책을 선택하라.

오라 히르쉬 페스코비츠

미시간 의과대학 부총장 겸 미시간 대학 헬스 시스템 CEO

책을 한 페이지 한 페이지 읽을 때마다 읽은 페이지만큼 더 성숙해 가는 자신을 느낄 수 있었다. '리더십'이야말로 시간, 지역, 연령, 정치, 문화, 사회 등 셀 수 없이 많은 변수 안에서 정의를 내릴 수 없는, 또는 답을 도출할 수 없는 매우 어려운 단어라고 생각한다.

리치 아이흐의 『1% 리더의 습관』을 읽으며 많은 부분에서 저자가 고민한 흔적들이 느껴졌다. 전혀 다른 환경에서 나타나는 리더십의 다양한 측면들을 보면서 미래에는 리더십의 다양성이 더 확대되어야 한다는 생각이 들었다. 왜? 인류의 리더십은 마치 살아 있는 생물이 진화하는 것처럼 진화해야 하니까.

앞으로도 아이흐의 많은 경험들이 축적된 저서를 읽어 볼 수 있기를 기대한다.

곽성현

서울대학교 경영대 리더십센터장

리치 아이흐는 기업적·군사적 관점을 비롯한 다양한 시선에서 리더십을 바라본다. 그는 리더십의 핵심을 정확히 간파하고 있다. 리더십의 이론적인 부분과 실행적인 부분을 구분할 줄도 안다. 리치 아이흐의 책은 '보스'가 아닌 '리더'를 꿈꾸는 모든 이들이 읽어야 할 필독서이다.

마이크 맥커리

클린턴 행정부 백악관 대변인, 현 워싱턴 공공개발 전략 주식회사 회장

벤처기업의 대표를 하면서 리더십에 대해 깨달은 점이 하나 있다면, 바로 리더십은 어렵다는 것이다. 생각했던 것보다 훨씬 더 말이다.

아무것도 가진 것 하나 없는 벤처에서 한 번 들어본 적 없던 비전을 이야기하고, 그 비전을 향해 함께 나아가도록 이끌기란 리더십을 책으로만, 학교에서만 배운 나에게는 참으로 버거운 일이었다. 나의 미숙한 리더십이 낳은 수많은 시행착오와 상처 입은 가슴들을 보며 '내가 리더로서의 그릇이 안 되는 것인가, 자격이 없나'라는 생각을 한두 번 한 게 아니다.

하지만, 아무리 문제가 어렵고 힘들어도 그 문제를 직면하고 해결하도록 노력해야 하는 게 리더의 첫 번째 숙명. 진정한 리더로 거듭나고자, 많은 책을 읽고 리더들을 만나며 리더의 생각과 행동을 하나하나 실행하기 시작했다. 어려운 문제일수록 먼저 책임지고 헌신하고, 성과는 팀에게 공로를 돌리며 칭찬하고, 나 자신보다 팀을 먼저 생각하고, 어떻게 구성원들이 신이 나서 일하게 할 수 있을까를 고민하였다.

이런 생각과 행동을 매일 거듭하면서 자연스럽게 습관화되었고, 놀랍게도 이런 습관들이 나 자신을 리더의 모습으로 자연스럽게 진화하게 한다는 것을 느꼈다.

결국, 내가 찾아 헤매던 리더십의 비결은 엄청난 원리에서 나오는 게 아니라, 결국 하루하루 생각하고 실천하는 리더의 습관에서 나오는 것이라는 점을 깨달았다. 헌신하고 인정하고 책임지고 칭찬하는 리더의 생각과 행동이 습관화되면 바로 진짜 리더로 거듭날 수 있게 되는 것이다.

리더의 생각과 행동, 습관에 대해서 다양한 사례와 깊은 경험으로 너무나 생생하게 전달해 주는 책이 바로 이 책이다.

한동헌
마이크임팩트 대표

왜 많은 리더 양성 지침서들이 실질적인 효과를 못 내는가? 『1% 리더의 습관』은 그 이유를 "리더와 보스의 차이" 때문이라고 명료하게 강조하고 있다. 이 책에서는 리더십이 자질이나 스타일이기보다는 한 사람의 인격으로부터 우러나오는 종합적 품성이라고 말한다. 내 안에 잠재되어 있는 보스 기질을 털어내야 한다는 것을 이 책은 쉽고 다양한 사례들을 통해서 우리에게 알려주고 있다. 결국 리더십을 키우는 것은 꾸준한 학습과 습관화가 필요한 일이다. 『1% 리더의 습관』은 부담 없이 읽기에

손색없는 리더 육성 지침서이다. 리더십을 키우고자 하는 독자
라면 꼭 읽어 봐야 할 책이다.

오인경

포스코경영연구소 상무

　작은 점포에서부터 큰 기업에 이르기까지 이제는 '보스'가 아
닌 '리더'가 필요하다. 『1% 리더의 습관』은 수많은 리더들의 성
공과 실패의 경험을 세밀하게 연구하여 시대가 원하는 리더십
이 무엇인지 알려주고 있다. 이 책은 당신을 성공하는 리더의
체질로 바꾸어 줄 것이다.

이랑주

이랑주Vmd연구소 대표, 『마음을 팝니다』 저자

　리더십을 다룬 책은 많다. 하지만 『1% 리더의 습관』만큼 오
랜 실전 경험을 통해 성공을 입증한 책은 거의 없다. 리치 아이
흐는 최고의 리더가 갖춘 개성과 특징을 논하면서 위대한 리더
가 지녀야 할 원칙과 도덕, 성실성을 강조한다. 또한 자신의 성
공 노하우를 바탕으로 리더와 보스의 차이를 세심하게 기술한
다. 기업을 성공으로 이끈 다양한 리더들의 사례를 통해, 독자
들은 효과적인 리더십 전략을 배우게 될 것이다.

김미연

(사)열린네트워크 이사, (사)유엔인권정책센터 전문위원

브랜드 이미지의 구축이 중요한 대학 스포츠에서는 리더십이 장기적인 성공의 필수 요소이다. 리치 아이흐는 이 사실뿐 아니라 진정한 리더십에 이르는 복잡한 과정도 잘 이해하고 있다. 그가 리더십에 관한 풍부한 지식과 경험을 토대로 쓴 『1% 리더의 습관』은 리더십 비법을 연마하려는 이들에게 매우 유익한 정보를 제공할 것이다.

데이비드 브랜든
전 도미노피자 CEO, 미시간 대학 체육부 총감독

리치 아이흐는 마치 마법처럼 불가능을 가능으로 바꾸는 리더 중의 리더이다. 무슨 일에든 일단 손을 대면 남다른 경험과 노하우, 열정 및 인맥을 동원한다. 이제 이 책을 통해 많은 이들이 그의 혁신적인 리더십 비결을 접할 수 있을 것이다.

윌리엄 커니
메릴린치 수석 부사장

지역사회의 리더로, 교사와 교장으로, 캘리포니아 유바 카운티의 재정부 관리자로 활약해 온 나의 조부 하비 D. 아이흐와 조모 마마 딘에게 이 책을 바친다. 또한 사랑과 헌신을 아낌없이 쏟아, 나에게 타인을 섬기는 일의 중요성을 일깨워 주신 부모님 월턴·조앤 아이흐에게도 감사한다.

학자다운 기질과 유머감각, 사업가적 통찰력으로 칼 버클리와 IBM을 거쳐 멘도치노에서 끊임없이 리더십을 발휘해 온 형 론과 형수 조앤 스타일스 아이흐, 또 그의 가족에게도 이 책을 바친다. 나에게 큰 영감이 되었다.

누이 캐슬린 아이흐 맥키니와 매형 맥의 가족이 보여준 내 커리어에 대한 관심도 감사하다. 늘 흥미로운 대화로 나의 지적 호기심을 북돋아준 에드워드, 벌라 커밍스 장인·장모에게도 감사의 뜻을 전한다. 아울러 변치 않는 애정으로 함께해 준 처형 부부 시실리·랠프 우드, 캐시·프랜 라슨에게도 감사드린다.

　끝으로, 나의 '절친'이자 동반자인 아내 조앤 테일러 커밍스 아이흐, 아들 제프와 테드, 자부 낸시와 메리, 손자인 테일러 선, 존 패트릭, 카터 제임슨 및 캐롤라인 엘리자베스에게도 감사를 전한다. 그들은 늘 나를 격려해 주었을 뿐 아니라, 다양한 리더십을 몸소 보여주었다. 모두에게 감사드린다!

리치 아이흐

진정한 리더가 되고 싶은
당신에게

리더십은 얄팍한 수법이 아니다. 주말 세미나, 지침서 등을 통해 얻을 수 있는 기술도 아니다. 게다가 직원이나 동료들을 쥐고 흔드는 소위 '스탈린식' 리더십은 직장생활뿐 아니라 일상에서도 별 효과가 없음이 드러났다. 오늘날 실제로 성공하는 리더는 '리더십 8계명'을 묵묵히 지키는 사람이라고 할 수 있다. 이에 대해서는 앞으로 차차 알아가기로 하자.

진정한 리더는 일상에서 위기를 만날 때마다 도덕적인 판단을 내릴 줄 안다. 또한 타인의 신뢰와 존중을 받고, 그들의 의욕을 끌어올리기 위해 노력한다. 원활한 대인관계와 커뮤니케이션을 도모하고, 타인에게 리더십 기술을 전수하는 법도 터득했다. 그뿐인가. '세상이 나를 중심으로 돌아가지 않는다'는 철학도 일찌감치 깨닫는다. 그러다 보니 직업을 막론하고 자신에게 만족할 줄도 안다. 이처럼 리더십의 신조를 터득한 이는 어떠한 경제 사정이나 환경 속에서도 생산성과 수익성 및 실적을 절대 놓치지 않는다. 이들에게 성공이 함께하는 것은 당연하다.

거센 정리해고의 영향을 제쳐 놓더라도, 오늘날의 직업 만족도는 20년 만에 최저 수준이다. CEO는 미래를 이끌어 갈 리더를 발굴할 수 있을지 우려하고, 중간 관리자는 경영진의 허술한 리더십에 한숨짓고 있다. 경기침체의 여파로 직원들의 의욕과 방향성도 상실되어 가고 있다. 하지만 무엇보다 이러한 현상은 직장과 가정 내 '리더십의 부재'라는 심각한 문제를 초래하고 있다.

『1% 리더의 습관』은 쉽게 읽히는 실용서로, 직장과 가정에서 리더를 양산해 내는 데 큰 도움이 되리라 믿는다. 독자들은 타인에게 영감을 주는 리더가 갖춰야 할 자질이 무엇인지를 깨닫게 될 것이다.

이 책에서는 실제 사례를 통해 사회 각계각층의 리더들이 밝히는 올바른 지침들을 만날 수 있다. 이들은 어떠한 경제적 어려움이 있더라도 자신이 맡은 팀의 사기를 끌어올리고, 먼발치에서 팀의 성공을 묵묵히 지켜보는 여유를 지닌 진정한 리더들이다. 팀의 성공이 곧 리더인 자신의 성공임을 잘 알고 있기 때문이다.

이제 '카리스마 리더십'이니, '거래 중심 리더십'이니 하는 교과서식 '리더십 스타일'의 정의는 버리자. 탁월한 리더십 계발을 꿈꾸는 독자에게 이 책을 권한다. 멘토로서 직원들의 의욕을 고무하고, 나아가 개인과 기업의 목표를 달성하는 비결을 얻게 될 것이다.

나는 지난 40년간 리더십을 연구해 오면서 진정한 리더가 갖추어야 할 자질이 무엇인지를 몸소 터득했다. 직접 고위간부와 군사통신 전문가, 대학 교수, 병원 이사, 행정관, 저술가, 칼럼니스트 및 기업가로 활약하며 민간 및 공공 기업 리더들의 철학과 원칙을 끊임없이 연구해 왔기 때문이다. 민간·공공부문에서 내로라하는 '명사들'인 하워드 S. 홈즈와 그의 아들 하우디(지피 믹스 컴퍼니), 찰스 월그린 주니어(월그린 제약회사), 톰 모니건(도미노피자 창업주), 윌리엄 톰슨 소장(초대 해군추모기념관 관장), 리처드 루거 상원의원 등과 협력할 기회도 얻었다. 그 결과 나의 개인적인 비전, 다양한 실무경험뿐 아니라 역사적 관점 및 군대 기강 등이 독특하게 어우러진 리더십 철학이 탄생되기에 이른 것이다.

나의 노하우가 담긴 리더십 철학은 미 상원과 육·해군 및 영리·비영리 기업 등에서 많은 인정을 받았다. 나는 미 상·하원의 의회 리더십 위원회, 기업, 대학 이사회 및 다수의 상임이사회에서 활동하기도 했다. 이사회에서의 경험은 개인의 리더십이 조직 전체에 얼마나 큰 도움이 되는지를 깨닫게 해 주었다.

나는 현재 캘리포니아에 본사를 두고 전략적 리더십과 브랜딩, 마케팅, 커뮤니케이션 및 경영 컨설팅을 제공하는 아이흐 어소시에이티드 대표이사로 재직 중이다. 또한 캘리포니아 루서란 대학의 겸임교수로서 리더십 및 관련 마케팅 강연도 활발히 하고 있다. 그 외 리더십 및 마케팅 관련 블로그를 운영하고 있으며, 다양한 글도 기고 및 출판하고 있다. 아울러 미시간 대학에서는 조직행동 및 커뮤니케이션을 전공하여 박사학위를 받았다. 미시간 주립대학과 새크라멘토 주립대학에서는 각각 인사행정 석사와 커뮤니케이션 학사학위를 취득했으며, 리더십 샌프란시스코 및 스탠리 K. 레이시의 인디애나폴리스 리더십 프로그램을 수료하기도 했다.

'무엇이 위대한 리더를 만드는가'에 대해 다양한 경험과 철학 및 관찰을 통해 깨달은 결론은 앞으로 본문에서 독자와 함께 나누기로 하겠다. 이는 매우 현실적이며, 역사와 경험에 기반을 둔 하나의 큰 틀과도 같다. 『1% 리더의 습관』에는 단순히 부하 직원들로 하여금 고분고분 명령을 듣게 하는 빠른 해결책은 없다. 고리타분한 기업가의 잔소리를 재탕하거나, 현장 경험이 부족한 리더십 강사의 교과서식 발상을 담은 흔한 책도 아니다. 대신, 평소 간과하기 쉬웠던 진정한 리더십의 철학과 근본 원칙, 그리고 이를 직장과 가정에 응용하는 방법이 담겨 있다.

이제 '알짜배기 리더십'의 발휘에 필요한 자질과 그 비결을 차차 살펴보기로 하자. 하터 패킹 컴퍼니를 비롯하여, 캘리포니아 농업부, 보이스카우트, 스틸케이스사, 미 해군 및 해병대, 미시간 대학, 인디애나 대학부속 의료센터, 캘리포니아 블루실드, 스탠포드 대학부속 의료센터 등, 여러 조직에서 겪은 나의 다양한 경험도 공개할 참이다. 그래서 단순히 '전 세계의 미래를 이끌 리더를 어디서 찾을까?'가 아닌, '장기적인 목표를 세우고, 당면과제를 해결하며, 타인에게 리더십도 가르치는 진정한 리더를 어떻게 양산할까?'에 대한 해답을 모색할 것이다.

대학 졸업 전, 자원입대한 군대에서 무엇이 '옳은 리더십'이고 무엇이 '그른 리더십'인지에 대해 깊이 배울 수 있었다. 당시 미 해군(약 2년간 해병대와 매일 호흡을 맞춰 오다시피 했다)은 훌륭한 리더를 지켜보고 함께 소통함으로써 리더십 기술을 연마할 수 있는 현장이었다. '성공'과 '존경'이라는 두 마리 토끼를 잡는 리더와 그러지 못하는 리더의 결정적 차이도 배웠다. 그건 바로 말만으로는 진정한 리더십을 발휘할 수 없다는 것이다.

또한 다양한 기업에서 겪은 경험을 통해 세계적으로 각광받는 리더들이 실제로 일하는 모습을 면밀히 관찰하는 행운도 얻었다. 그리하여 직원들의 의욕을 극대화하는 그들의 노하우뿐 아니라 소위 '사이비 리더들'이 몰락하는 경위도 엿볼 수 있었다. 그런가 하면 학계에서의 경험은 필자의 멘토링 기술 연마에 큰 도움이 되었다. 이는 새로운 리더문화를 창출하는 데 기여했다고 굳게 믿는다.

'알짜배기 리더십' 개념을 배우고 포용하면 어떻게 될까? 개인의 삶의 질이 향상될 뿐 아니라 기업에서의 실적도 상승할 것이다. 나아가 이웃들의 삶까지도 풍요로워질 수 있다. 책에 대한 독자 여러분의 의견은 언제나 환영하는 바이다.

(리치 아이흐 웹사이트: www.eichassociated.com)

Leader is Different from Boss

'리더'는
'보스'와 다르다

———

내가 내린 리더십의 정의는
비전을 바탕으로, 사심 없이 사람들 간의 합의점을 찾는 것이다.

해럴드 에드워즈, 리모네이라 사장 겸 CEO

———

1장

진정한 리더십이란 무엇인가?

오늘날처럼 변화의 속도가 빠른 데다, 돈을 중심으로 돌아가는 세상에서 진정한 리더를 찾기란 쉽지 않다. 고공행진에 눈이 멀었거나 속임수로 한몫 챙기려는 작자들이 잠깐의 희열을 맛본답시고(언젠가는 대가를 치르겠지만) 기업의 순익을 부당한 방법으로 부풀리는 사례가 비일비재하니 말이다. 이런 '사이비 리더'는 열정적인 리더십보다는 엄격한 통제를 선호하고, 이를 과시하곤 한다. 사이비 리더들은 헌신보다는 권위로 직원을 다스리고, 타인의 성공과 권익보다는 자신의 영화를 더 앞세운다. 사실, 부실한 기업 실적과 불만족스러운 직장생활은 리더십이 부족하다는 방증인 셈이다.

경제가 불안하고, 밀레니엄 세대가 직장에 대거 합류하는 이때, 사회는 진정한 리더십을 절실히 요구하고 있다. 열린 대화로 직원들의 삶의 질을 향상시키고, 직장과 가정에서 목표를 성취할 수 있도록 도와주는 지도자를 원하는 것이다. 그러면서 자연스레 개인과 직장의 실적을 끌어올릴 수 있는, 그런 리더 말이다.

> 줄곧 조직 운영을 심포니 오케스트라의 지휘에 비유할 수 있겠다고 생각해 왔다. 하지만 오케스트라보다는 재즈가 더 어울릴 듯싶다. 즉흥적인 면이 더 크니까.
>
> 워렌 베니스, 『리더*On Becoming a Leader*』의 저자

진정한 리더는 주변을 변화시킨다

리더는 공적 혹은 사적인 문제에서 의사를 결정하고, 기업의 전략적 목표를 내놓으며, 기업의 실적에 기여한다. 또한 직원을 배려하고 공정히 대접한다. 하지만 진정한 리더십은 이러한 사전적 정의보다 한 차원 높은 개념으로 볼 수 있다. 바로 타인이 스스로 리더가 되게끔 적절한 환경을 조성해 주는 것도 포함되기 때문이다. 즉, 성공한 리더들은 바로 다음에 열거한 '리더십 8계명'을 실천함으로써 진정한 리더십을 발휘한다.

1. 리더에게는 원칙이 있다. 늘 정의를 꿈꾸고, 자기 자신을 넘어서서 더 원대한 가치를 구현하길 원한다.

2. 리더는 단순히 '보스'처럼 굴지 않는다. 평소에는 침착하게 보여도, 실적과 사기를 저해하는 '불량 직원'이 나타나면 이를 절대 용납하지 않는다.

3. 리더는 분명하고 솔직하다. 단도직입적으로 소통하지만 남의 말을 경청할 줄도 안다.

4. 리더는 체질부터가 다르다. 그들의 열정은 건실한 기업문화로 승화된다.

5. 리더는 부하 직원들을 공적인 일뿐 아니라 사적으로도 도와주고 아낀다.

6. 리더는 물러서야 할 때를 안다.

7. 리더는 성공을 위해 왜 인격과 성실성이 필요한지를 안다.

8. 리더에게는 '접근성'이 있어야 한다. 진정한 리더들은 겸손하기에, 다가가기 어렵지 않다.

이들 중 몇 가지 자질을 겸비한 '리더'는 많을 것이다. 그러나 이를 전부 함양한 리더는 소수에 불과하다. 위대한 리더를 판가름하는 결정적인 지표는 바로 '이 8가지 원칙을 항상 지키는가?'이다. 이는 기업 및 정부에서든, 군대 혹은 가정에서든, 리더라면 당연히 새겨야 할 명제다. 각 자질의 의미와 '어떻게 그러한 자질을 기를 것인가'에 대하여는 차차 심층적으로 살펴보기로 하자. 리더의 잠재력은 누구에게나 있다. 따라서 단지 이를 이끌어내는 법만 배우면 되는 것이다.

> 2011년 5월, 오바마 대통령은 리비아 사태 관련 연설에서 '실질적인 리더십'의 의미를 재해석했다. "리더십은 난관을 스스로 해결하고 부담을 감당하는 것으로 그치는 것이 아닙니다. 진정한 리더십은 바로 타인의 발전을 위한 환경 및 공동체를 만드는 것입니다. 파트너와 협력하여 부담을 나누고 함께 대가를 치르는 것이지요. 그리하여 정의와 인간의 존엄성이라는 원칙을 모두가 지켜 나가도록 이끄는 것입니다."[1]
>
> 이는 비록 미국과 나토 연합군의 리비아 사태 개입을 두고 한 발언이긴 하다. 하지만 문맥을 떠나서 보면 오바마의 발상은 일반적인 리더십의 정의에 살을 덧붙인 셈이다. 리더는 본인이 주도권을 쥐기도 하지만, 타인이 리더십을 발휘할 배경을 마련해주기도 하기 때문이다.

사실 '리더십 8계명'의 논리는 단순하다. 비즈니스에 종사하는 이들에게는 이미 익숙한 이야기일지도 모른다. 즉 직원들을

---

1 버락 오바마 대통령, 리비아 연설문 중에서, 미 국방대학 www.whitehouse.gov/the-press-office/2011/03/28/remarks-presidentaddress-nation-libya.

공평하게, 인간답게 대우하면 기업이 번창한다는 것이다. 물론 말은 쉽지만 경영진의 리더십이 이를 응용하기엔 역부족인 경우가 많다. 실상 알짜배기 리더가 되기 위한 헌신과 동기, 지침 및 배려를 몸소 실천하는 사람은 흔치 않다. 하지만 모름지기 리더라면, 자신보다 타인을 섬기는 것을 더 중요시해야 한다. 뿐만 아니라 직원의 권위도 인정할 줄 알아야 한다. 휘어잡거나 복종을 강요해서는 안 되는 것이다. 물론 '사람을 먼저 생각하는 것'이 인기 있는 비즈니스 트렌드는 아니다. 하지만 나는 이 덕목을 강력히 주장하고 싶다. 경험상, 내가 본 최고의 CEO들은 이를 충실히 따른 반면, 최악의 CEO들은 그러지 못했기 때문이다.

'알짜배기 리더'는 변화로 이어질 기회를 내던지지 않는다. 대신 정면으로 받아들인다. 1970년대 리처드 닉슨 대통령의 해군 작전 사령관인 엘모 R. 줌월트 주니어 제독은 군을 지휘하며 격동의 시대를 보냈다. 베트남전 당시 미국은 인종차별주의 등 여러 갈등과 긴장으로 얼룩져 있었다. 미 해군 내에도 인종차별로 인한 폭동 및 연좌 파업이 발생했다. 그러나 줌월트는 암울한 현실을 초월한 안목의 소유자였다. 그는 특유의 열정과 배려, 신속한 결단력 및 뛰어난 커뮤니케이션 능력으로 개혁을 주도해 나갔다. 그러자 미 해군 내에는 큰 변화가 일어났다. 줌월트가 재정문제와 부부 갈등, 장기 파병 등 젊은 해군들이 겪는 어려움을 이해하고 함께했기 때문이다. 그는 여성과 소수민족의 권리 신장에도 앞장섰다. 그의 활발한 커뮤니케이션은 어떤 문제도 해결하는 힘이 있었다. 그는 권위적인 해군 체계의 강한 반대에도 아랑곳하지 않았다.

미시간 디어본에 본사를 둔 포드 자동차(약 10년 전, SUV 차량인 익스플로러의 대규모 리콜 사태로 막대한 피해를 본 회사)의 CEO인 앨런 멀렐리 역시 기회를 성공으로 이끈 대표적인 리더였다. 그는 2009년『타임』지에 '세계에서 가장 영향력 있는 100인'에 뽑히는가 하면, 『주간 항공_Aviation Week_』지와 『비즈니스위크_Business Week_』지에 의해 '올해의 인물'과 '베스트 리더'로 선정되기도 했다. 포드 소셜미디어 부장인 스캇 먼티는 멀렐리를 "굉장한 인재"라며 "그저 같은 인간이라는 이유만으로" 귀감이 되는 리더라고 치켜세웠다. 멀렐리가 별 볼 일 없는 중역이었다면 포드 자동차를 회생시켜야 한다는 부담감에 손사래를 쳤을 것이다. 하지만 그는 기꺼이 지휘를 맡았다. 많은 기업 전문가들은 그가 탁월한 리더십으로 회사를 안정시켜 회생시켰다고 입을 모았다.

보스턴의 베스 이스라엘 디코니스 의료센터의 전 CEO인 폴 레비 또한 직원들에게 귀감이 되는 인물이었다. 그는 의료 분야에서 의사와 직원들 간의 지배권 분담(의사결정권을 나누는 것)을 강력히 주장했다. 이는 특히 비영리 의료계에서 그리 환영받는 주장은 아니었다. 그럼에도 2009년 경제위기가 한창일때, 레비는 병원의 일자리를 살리기 위해 스스로 자신의 연봉을 삭감하고 복리후생을 축소했다. 그리고 다른 직원들에게도 이를 똑같이 따라 줄 것을 청했다.

위의 세 리더는 모두 직원들의 의욕을 끌어올리는 효과적인 리더십을 발휘했다. 하지만 사실 높은 위치에 있는 리더들이 그러한 리더십을 발휘하는 경우는 흔치 않다. 그 결과, 맥킨지 보고서가 밝힌 대로 일반 직원들은 직장에서 그들의 권리를 잃은 채 괴리감을 느끼는 경우가 허다하다.

헬스 해저드health hazard

기업의 수익문제를 떠나, 부실하거나 유명무실한 리더십은 직원의 건강마저 해칠 수 있다. 스톡홀름 대학과 카롤린스카 협회, 칼리지 런던 대학 및 핀란드 직장의료협회가 참여한 연구에 따르면, 악덕 보스는 쓸데없이 스트레스를 야기해 직원을 무기력하게 만든다고 한다. 연구팀은 1992~2003년까지 스웨덴 스톡홀름에서 19세와 70세 사이의 남성 직원 3,100명을 대상으로 심혈관 건강의 추이를 지켜봤다. 그 결과, 자신의 보스를 가장 무능하다고 평가한 직원들은 심장병에 걸릴 확률이 정상인보다 25% 높았다. 반면, 보스에 가장 후한 점수를 준 직원들의 위험도는 제일 낮았다. 안나 나이버그 연구원은 2009년에 연구결과를 발표할 때 "이 연구는 객관적으로 분석된, 경영자의 행위와 직원들의 심장질환 사이의 향후 투여-반응 관계를 최초로 입증한 것"이라고 밝혔다. 또한 "경영자의 역량(직원에게 정보 전달, 업무 지원, 직무의 권한 부여, 피드백을 제시하는 것)을 키운다면 스트레스를 해소하여 직원의 건강관리에 보탬이 될 수 있을 것"이라고 덧붙였다. 연구에 참여한 직원에게는 '업무 목표를 얼마나 분명히 세우는가'를 기준으로 고위 간부의 리더십 스타일을 평가하도록 했다. 또한 간부가 대화하고 피드백을 잘 주는 정도의 점수도 아울러 물었다. 아니나 다를까, 직원들에게 스트레스를 가장 많이 주는 간부는 배려심이 부족했다. 게다가 직원들의 말을 경청하거나 그들에게 권한을 위임하지도 않는 것으로 나타났다.

진정한 리더는 시행착오를 거쳐 만들어진다

위대한 리더는 케네디 일가처럼 대를 이어 리더를 탄생시킨 가정에서 태어날 수도 있다. 하지만 태생이 진정한 리더를 보장하지는 않는다. 진정한 리더는 후천적인 산물이기 때문이다. 시행착오를 거치며 배우고 세월을 통해 계발되는 것이 바로 리더십이다. 사람들은 흔히 "A씨는 타고난 리더야"라는 말을 많이 쓰곤 한다. 그러나 아무리 리더다운 기질, 인내와 비전을 갖추었다 해도 바른 마음가짐과 경험, 노하우 및 훈련이 뒷받침되지 않는다면? 그렇다면 리더십의 '잠재력'은 실현될 수 없을 것이다.

"리더가 '타고나느냐,' '만들어지느냐'를 둘러싼 물음은 학자와 현역 리더들을 수세기간 괴롭혀 왔다"고 마이클 브래드베리는 말한다.

리더는 타고나기도 하지만 만들어지기도 한다. 별 볼 일 없다가도 전시만 되면 동료를 사지에서 척척 구해 내는 타고난 리더 이야기를 들어 봤을 것이다. 그들은 타인의 자신감과 용기를 불러일으켜 계속 싸울 힘을 주고, 스스로 남을 돕게 한다. 윈스턴 처칠 수상이 그 좋은 예다. 그도 가끔은 리더십이 부족하다는 이유로 웃음거리가 된 적이 있었으나 2차 대전 당시 국민들을 합심하게 하여 영국을 구해 냈다. 그렇긴 해도, 타고난다기보다는 만들어지는 리더가 더 많을 것이다. 하다못해 예비학교들의 광고를 둘러보

라. 하나같이 미래의 리더 배출을 약속하지 않는가? 대학들도 마찬가지이다. 너도나도 마케팅 전략의 일환으로 리더 배출을 내세운다. 군 당국 역시 수백만 달러를 들인 신병 모집 공고에 '내일의 리더를 발굴하겠다'고 장담한다.[2]

위대한 리더라 해도 마치 자석처럼 타인의 마음을 끌어들이는 능력을 타고나지는 않는다. 물론 당면한 어려운 환경을 극복하려는 의지나, 뭔가 특별한 일을 성취하고 남을 섬기려는 욕구는 있을 수 있다. 그러나 대부분의 경우, 리더십 기술은 치열한 삶의 현장에서 계발된다. 성취욕과 열정을 맛보면서 더 지혜로워지며, 시행착오와 성패를 거치면서 자신감이 생기고 침착해진다. 위험을 감내할 담력도 생겨난다. 다른 현역 리더들의 '남을 섬기는 자세'를 본받기도 한다.

물론 직장에서만 리더십 계발이 가능한 건 아니다. 대학 사교모임인 '시그마 피 엡실론 $\sigma\varphi\epsilon$'이 나에게는 일종의 리더십 '양성소'였다. 다양한 역할을 맡아서 학우들을 돕다 보니 자연스레 리더십 훈련이 된 것이다. 이곳에서의 경험을 통해 나는 역경을 딛는 법과 타인의 건설적인 비판을 수용하는 법을 익혔다. 한결 무거워진 책임을 감당하면서 나 자신을 발전시키는 발

---

2 마이클 브래드베리, 저자와의 인터뷰, 2011년 5월 24일.

판도 마련했으며 유대감으로 똘똘 뭉친, 열린 공동체의 가치도 깨달았다. 무엇보다 타인을 섬기는 일의 중요성을 끊임없이 되새길 수 있었다.

대학 스포츠 대표 팀 주장으로 뽑혔던 것도 리더십을 배우는 좋은 기회가 되었다. 주장의 역할이란 대체로 팀원들의 사기를 높이고 에너지를 불어넣는 것 아닌가. 그래서 나는 이 기회에 내 리더십 능력을 시험해 보기로 마음먹었다. 그러기 위해선 내 선수로서의 기량을 높일 필요가 있었다. 하지만 후배 선수를 챙기고, 코치의 시즌 목표 달성을 적극적으로 돕는 일 또한 빼놓지 말아야 했다. 코치는 나에게 다음과 같은 신념을 키워주었다. 바로 기업의 리더가 직원들의 역량을 강화시키듯, 훌륭한 주장도 경험이 부족한 선수를 가르치고 키워야 한다는 것. 당신이 스포츠 팀의 주장이건, 토론회의 진행자건, 혹은 직장의 팀장이건, 현장 경험을 통해 한 단계 업그레이드된 리더가 되는 노하우를 배우는 것이 중요하다.

앞서 언급한 하워드 홈즈도 그런 리더십의 정의를 몸소 실천했다. 2001년에 세상을 떠난 그는 첼시 밀링의 CEO이자 포장식품 업계에서는 '개척자'로 통했다. 그에겐 평소 바쁘더라도 타인에게 귀를 기울이고 자신의 노하우를 같이 나눌 줄 아는 여유가 있었다. 오늘날, 첼시 밀링 회사의 벽에 걸린 액자에는 이런 글귀가 새겨 있다. "숭고한 삶의 원칙과 온전한 관용을 실천하려 했던 하워드 홈즈의 정신은 우리의 가슴속에 길이 남을 것이다." 이 같은 홈즈의 실천적인 리더십은 90년대 중반에 CEO를 물려받은 아들 하우디에게 고스란히 전수되었다. 그는 부친 못지않게 직원들의 사기를 북돋은 리더이다. 그의 리더십은 오늘날의 격동하는 비즈니스 세계에서 105년 역사의 첼시 밀링을 이끄는 원동력이 되고 있다. 덕분에 회사의 앞날도 굳건해졌다.

사실, 하우디의 탁월한 리더십 능력은 그가 가업을 잇기 훨씬 전부터 심심치 않게 드러났다. 그는 젊은 시절 힘든 훈련 끝에 레이싱 선수로 활약해 1979년 인디애나폴리스 500마일 경주에서 '올해의 신인'으로 지명되었다. 트랙 밖에서도 그는 리더로서 젊은 팬들을 감동시키곤 했다. 한때 나는 그를 만난 적이 있는데 그날 저녁은 아마 평생 못 잊을 것 같다. 사람들은 불과 몇 분 만에 하우디 홈즈에게 매료되었다. 사람들은 그를 가까이서 보기 위해 체육관 바닥을 엉덩이로 쓸어대며 기를 썼다. 하우디는 건강과 청렴한 삶, 그리고 꿈을 좇는 일의 중요성에 대해 연설하기 시작했다. 또한 꿈을 영영 앗아가게 할 정도의 실수는 하지 말 것을 강조했다. 바로 그때 나는 그가 훌륭한 리더의 재목임을 직감했다. 그는 아이들에게도 일방적으로 말하는 대신, 같이 대화를 나누었다. 그의 메시지에는 균형감각과 유머뿐 아니라 뜨거운 열정이 묻어났다.

어제의 리더십과 오늘의 리더십

　오늘날의 직장환경은 과거의 고립된 환경과는 사뭇 다르다. 시장이 세계화되고 네트워크로 연결된 데다, 끊임없이 변화하고 있으니 말이다. 하지만 변화된 환경이 형편없는 리더십을 만회할 수는 없다. 그저 예전과는 방향성이 다른 리더십이 절실

리더십의 어제	리더십의 오늘
자신의 주변 사람만 관리	타인에게 본을 보이고 가르치며 이끎
위협과 공포 분위기를 조성	타인에게 권한을 위임하고 멘토를 자처
'내 뜻대로 안 할 거면 떠나라'는 식	직원의 혁신을 정도껏 허용
단순하고 상하관계가 뚜렷한 근무환경에 걸맞게 예측 가능한 외부환경	팀을 구성하여 문제를 해결
국지적인 시장	글로벌화된 외부환경과 발 빠른 마케팅
명확한 특화로 안정된 시장	시장의 변동 폭과 의사결정에 따른 리스크가 큼. 경쟁이 치열함
리더를 외부에서 기용	기업이 후보자를 교육·훈련하여 리더를 직접 키움
독재 스타일. 의사결정권이 주로 CEO에게 주어짐	겸허한 스타일. CEO가 의사결정을 경영진과 함께함
리더 및 이사회가 주로 백인, 남성으로 이루어짐	'유리천장Glass Ceiling'(여성과 소수민족 출신자들의 고위직 승진을 막는 조직 내의 보이지 않는 장벽)이 존재한다고는 하나 여성이 이끄는 대기업도 많음. 이사회 조직 구성 또한 다양함

하다는 점을 시사할 뿐이다. 물론 진정한 리더십은 시대를 막론하는 불변의 가치이다. 하지만 비즈니스의 흐름에 따라 이를 적용하는 방식은 달라져야 마땅하다. 리더십의 어제와 오늘을 구체적으로 비교한 것이 앞의 표이다.

"그렇다고 전통적인 리더의 자질들이 현 사회에 통하지 않는 것은 아니다"라고 브래드베리는 말한다. "정직과 솔선수범 및 인격 등은 리더가 늘 갖춰야 할 자질들이다. 내가 하기 싫은 일은 남에게 시키지 않고, 상대를 배려하는 친절을 베푸는 것도 필요하다. 매사에 공정하고 결단력을 발휘하는 능력도 중요하다"고 그는 덧붙였다. 입법·사법부에 영입된 젊은 법조인들을 교육하는 데 정평이 난 브래드베리는 캘리포니아 지방검사협회 회장으로 두 차례나 선출되기도 했다.

오늘날, 리더는 모름지기 '직감'에 의존하거나 매너리즘에 빠져선 안 된다. 신세대 리더는 호기심이 많아야 한다. 또한 변화를 주시하고 항상 배우려는 습관을 들여야 한다. 예를 들어, 급속도로 영향력이 커지고 있는 소셜 미디어에 빠삭해야 한다. 직원들로부터도 배워야 하며, 배울 기회도 스스로 찾아야 한다… 구세대 리더도 '리더십 학교에 다시 다닌다'는 마음으로 임해야 할 것이다. 즉, 전통적인 리더의 자질에, 참신하고 글로벌한 아이디어를 접목

할 줄 알아야 한다.[3]

안타깝게도, 오늘날의 직장환경 변화를 모두 긍정적으로 볼 수는 없다. 특히 직원 구성 및 그들의 태도 변화를 감안할 때, 경영진이 받는 연봉과 복리후생이 지나치게 부푼 것은 되레 리더십 분야의 걸림돌이 되고 있다.

작가 론 알솝에 따르면, 젊은 인력(밀레니엄 세대 포함)은 기존의 조직들에 별로 매력을 느끼지 못한다고 한다. 윗세대에 비해 한 직장에서 오래 근무할 가능성은 더 낮은 반면, 독자적인 성향은 훨씬 강하기 때문이다. 그래서 경영진도 골치 아파한다. 하지만 이는 극복할 수 없는 과제는 아니다. 더군다나 해결되면 그 성과가 클 것은 불 보듯 뻔하다. 최신 테크놀로지에 익숙하고, 똑똑하며, 환경문제에 민감하게 대응하는 젊은이들을 확보하려면 뭔가 색다른 인센티브가 필요하다. 예를 들어 좀 더 흥미로운 업무와 잦은 실적 피드백을 마련해 주는 것이다. 마음이 맞는 소수의 직원들이 모여 특정 활동을 함께하는 '동호인 단체'를 기업 측에서 후원하는 것도 한 방법이다.

하지만 대부분의 기업에서 경영진과 말단 직원이 받는 연봉 및 복리후생의 격차는 큰 문제를 낳고 있다. 그 결과, 더 열심

3　마이클 브래드베리, 저자와의 인터뷰, 2011년 5월 24일.

히 일하고, 회사에 헌신하겠다는 직원들의 의욕은 점차 사그라지고 있다. 회사가 당면한 난제를 해결하려는 의지도 줄어들었다. 푸대접을 받는 직원들은 C-스위트의 부풀려진 연봉과 보너스를 보고 "어디, 월급 값은 제대로 하는지 지켜봅시다!"라며 비아냥대기 일쑤다. 게다가 구조조정을 야기하는 불안한 경제 환경은 이런 현상을 더욱 부채질한다. '구조조정에서 살아남은 직원들이 알아서 회사문제를 잘 해결하겠지'라는 종전의 안일한 사고는 더 이상 먹히지 않는데 말이다.

GM(제너럴 모터스)의 구제금융 및 인수 방침은 이사회와 생산라인 직원들, 그리고 시장 현실 사이의 갈등을 잘 보여준다. 2008년, 연방정부가 약 850억 달러를 지원한 보험회사인 AIG(아메리칸 인터내셔널 그룹)도 그렇다. 두 기업의 경우, 경영진은 시장의 붕괴에도 불구, 막대한 임금과 보너스를 챙긴 것으로 드러났다. 2011년 7월 이후, GM은 꾸준한 회복세에 있으나 AIG는 그러지 못했다.

21세기에 기업들이 맞이한 과제들이 무엇이든 극복하지 못할 것은 없다. 단지 그 과제라는 것이 새롭고 이례적이므로 경영진이 적극 나서서 지휘봉을 잡을 필요가 있다. 헤이 그룹이 2011년 1월에 발행한『최고의 리더십을 발휘한 기업*Best Companies for Leadership Study*』과『톱 20*Top 20*』에는 리더십의 모범이 되는 기업들 일부가 소개되었다. 책에 소개된 2010년의 한 설문조사는 전 세계 1,825개 기업을 대상으로 했다고 한다. 이 조사에 따르면, 몇몇 상위 대기업들이 효율성과 경쟁력을 향상시키기 위해 도입한 묘책은 바로 직원 구성의 다양화, 그리고 상하관계가 뚜렷한 획일적인 리더십의 탈피였다고 한다.

경제가 불안한 때일수록, 기업을 꾸리고 직원을 관리하는 데 특별한 리더십이 필요하다. 경제가 어려우면 아무리 날고 기는 리더라도 일정 추진력을 유지하는 것조차 버거운 게 사실이다.

세계적인 과일 생산 업체로 캘리포니아에 본사를 둔 리모네이라사의 CEO인 해럴드 S. 에드워즈는 요즘 같은 불황에도 기업의 지역적·전략적 우위를 지켜 왔는데, "그러기가 쉽진 않았다"며 혀를 내둘렀다.

극심한 경기침체 가운데 회사의 진로를 구상하려니 마치 시험대에 오른 기분이었다. 불황을 감내하는 동안 이사회가 전략 및 지배구조 현안을, 경영진이 관리문제에 중점을 두도록 조치했다. 그야말로 CEO가 된 이후 본사에서 겪은 최대의 고비였다. 안 그래도 부동산 위기로 상당히 애를 먹는 와중에 회사의 전략까지 구상하려니, 여간 골치 아픈 게 아니었다.

또한 특정 벤처사업을 다루는 데 있어 용기와 자신감을 잃어서는 안 되었다. 다른 몇몇 프로젝트는 손실을 감수하고서라도 그만둬야 할 곤경에 처했다. 리모네이라 이사회와 경영진 및 주주의 마음을 좀 더 지분 및 가치가 큰 사업으로 돌릴 필요가 있었다. 다행히 '다각화 정책' 덕택에 가까스로 난관을 극복할 수 있었다. 일단 지역 경제가 회복되자 회사는 막대한 수익 창출을 내다보게 된 것이다. 이사회와 경영진 모두가(문제 파악에 그치지 않고) 한 배를 타고 문제를 해결했기에 큰 풍파를 감당할 수 있었다. 회사 전체의 마음을 하나로 모으는 게 여태껏 내가 겪은 가장 큰 시험이자 도전인 셈이었다.[4]

에드워즈는 난관 속에서도 자신감을 내비치고 리더로서의 긍정적인 인상을 심어 주었다. 그는 다양한 부서들의 합의를 이끌어내는 데 탁월한 재능이 있었다. 그런 그의 리더적 자질이 기업의 세파 극복에 큰 힘이 되었다.

오늘날, 리더라면 예외 없이 '경제적 현실'이라는 시험대에 오르게 마련이다. 몇몇은 생존하겠지만 생존하지 못하고 도태되는 리더들도 있을 것이다. 에드워즈의 말마따나, 탁월한 리더십을 과시하는 기업도 이 시험을 제대로 통과하지 못할 수 있다. 물론 소비자가 흔쾌히 지갑을 여는 경기 호황에는 성공하기가

---

4 해럴드 에드워즈, 저자와의 인터뷰, 2011년 5월 23일.

쉽다. 아니면 최소한 표면적인 수익 면에서는 어느 정도 이익을 거둘 수 있을 것이다. 하지만 시장이 정체되면 이익을 확보하기가 굉장히 어렵다. 바로 그때가 진정한 리더십이 필요한 때이다. 리더가 나서서 직원들과 공동체의 마음을 단결시킨다면 기업의 형세는 크게 달라질 테니 말이다.

진정한 리더십의 추구

진정한 리더십의 위력을 실감할 수 있는 가장 간단한 방법은 무엇일까? 바로 당신의 상사를 봤을 때, 그 사람에게서 마음에 드는 점과 들지 않는 점을 떠올려 보는 것이다. 다음은 리더에 관련된 질문들을 나열한 것이다. 이를 하나씩 곱씹어보기 바란다. 각 질문에 맞거나 틀린 답이란 없다. 대신, 당신이 내린 답변을 통해 당신이 리더의 성향 중 무엇을 호감 또는 비호감으로 느끼는지 종합해 볼 수 있을 것이다.

- 리더를 존경하는 부분이 있다면 무엇인가?
- 리더의 특수한 방침에 어떻게 반응하는 편인가?
- 리더가 당신이 주변 사람들과 원만하게 지내도록 돕는 편인가?

- 리더가 당신이 역량을 계발할 수 있도록 격려하고 당신에게 권한을 맡기는가?
- 리더의 방침에 반대하고 싶다면 그 까닭은 무엇인가?
- 리더가 효과적인 대안을 제시하거나, 당신 스스로 답을 찾도록 기회를 주지 않고 일방적으로 명령만 한다면 어떻게 하겠는가?

이제는 '내가 정말 싫어하는 리더의 성향과 이를 선택한 이유는 무엇인가?'를 자신에게 물어볼 차례다. 그 성향에 묻어나는 태도의 문제일까? 특정 사항을 다루는 리더의 접근방식이 문제일까? 아니면 단순히 리더가 전하는 메시지가 마음에 들지 않아서 그런 것일 수도 있다. 리더의 장단점을 파악하면 '알짜배기 리더십'을 추구하는 데 도움이 된다. 모범을 보여야 타인이 당신을 따른다는 사실을 명심할 것. 당신은 과연 스스로의 목표와 이상에 걸맞게 행동하고 있는가?

20세기가 낳은 위대한 리더, 프랭클린 D. 루즈벨트 대통령은 건강 악화에도 불구하고 리더십을 발휘하여 국가적 위기를 극복해 냈다. 그는 국가와 국민의(그에게는 기업과 직원 같은 개념이었을) 복지를 자신보다 더 소중히 여긴 '서번트 리더Servant Leader'의 대표 주자이기도 했다. 대공황이 한창일 때 당선된 그는 국민들이 2차 대전을 감내하도록 그들에게 의욕을 심어 주었다. 그는 재산이 많았다. 하지만 그럼에도 자신보다 국민의 안위를 우선시하는 리더였다. 팀(행정부와 국민)에 분명한 방향과 목표뿐 아니라, 이를 달성하는 데 필요한 수단도 아울러 제시했다. 국민들의 용기를 북돋아 주는가 하면, 그들의 의욕을 향상시키는 데도 힘을 기울였다.

'서번트 리더십'을 계발하고 싶은가? 그렇다면 부하나 추종자를 거느릴 생각은 버리자. 대신 남을 섬기는 것부터 시작하자. 팀원이나 직원들을 돕고 그들의 능력을 향상시켜야 조직을 지킬 수 있다. 남을 섬기는 것을 몸소 실천해, 본보기가 되도록 노력해야 한다. 루즈벨트 대통령을 본받을 필요가 있다. 즉, 조직의 이익을 자신보다 우위에 두고, 기업과 직원들을 위해 뚜렷한 방향과 목표를 제시해야 한다. 자신에게라면 하지 않을 무리한 주문은 삼가고 격려와 칭찬을 아끼지 않는 것도 중요하다.

- 진정한 리더는 주변 사람들의 삶을 크게 변화시킨다. 타인이 직장이나 가정에서 목표를 성취하도록 돕기 때문이다. 그러는 동안 자연스레 자신의 개인적, 혹은 기업 전체 목표의 기준선을 끌어올린다.

- 진정한 리더십은 가정과 직장에서 '풀타임'으로 돌아간다.

- 진정한 리더들은 세간의 이목을 끌려 하지 않는다. 다만 성공적인 리더십을 실천하기 위해 부단히 노력한다. 이들은 바쁜 와중에도 시간을 내어 타인을 돕는다.

- 부실한 리더십은 기업의 실적을 깎아내릴 뿐 아니라, 직원들의 건강도 망친다.

- 진정한 리더십은 선천적인 재능이 아니라 계발되고 길러진다.

- 리더십은 기업 꼭대기에서뿐만 아니라 각계각층에서 발휘된다.

- 요즘의 직장과 시장은 세계화와 네트워크에 힘입어 서로 연결되고 끊임없이 변화하고 있다. 그만큼 리더도 달라져야 한다. 그러지 않으면 회사는 경쟁우위를 잃는다.

- 리더십은 권력을 쟁취하는 것이 아니다. 타인의 장점을 최대한 살려 성공문화를 일구어내는 것이다.

2장

리더는
보스처럼 굴지 않는다

'보스'는 세상에 널렸다. 하지만 진정한 '리더'는 눈에 잘 띄지 않는다. 직장이나 가정에서 마음에 쏙 들거나 존경스런, '나도 따라 해 봐야지'라는 생각이 드는 리더의 품행 및 조직의 방침을 마주한 적이 있을 것이다. 반대로 그다지 존경스럽지 않은 데다, 쓸모없는 것도 모자라 손실까지 초래하는 보스의 품행 및 방침을 만나 괴로워한 적도 있었을 것이다. 거의 눈살을 찌푸리게 하는 추태에 가깝다고 느낄 정도이다. 당신은 그럴 때 '죽으면 죽었지, 저렇게는 안 산다!'라며 다짐하지 않았는가?

물론 그런 다짐을 지키기란 그리 녹록하지 않다. 왜냐하면 우리는 은연중에 진정한 리더가 아닌 겉껍데기 '보스' 행세를 하라고 배웠기 때문이다. 안타깝게도, 대부분의 경우 사회에 만연한 롤 모델은 '리더'가 아닌 '보스'이다. 오늘날에는 집중력과 전략적인 노하우를 겸비한, 신뢰할 만한 리더가 드문 게 사실이다. 아무런 사심 없이 직원들을 동원할 수 있는 역량, 그리고 핵심을 간파하는 직감의 소유자도 찾기가 힘들다.

리더와 보스의 차이

안타까운 건, 수많은 '자칭 리더' 및 기업에서 임명한 '리더'들이 '보스' 수준을 넘지 못한다는 사실이다. 그들을 살펴보자. 고작 몇 시간 정도 배운 '초고속 리더십 교육'이 자산의 전부인 사람도 있다. 그런가 하면 '리더의 자질을 타고났다'며 자신의 위치를 정당화하는 이도 있다. 그도 아니면 그저 리더에게 주어지는 막중한 책임에 짓눌려 전전긍긍하는 사람도 있다. 그러니 훈련기간이 얼마이든 간에, 진정한 리더가 아닌 보스가 양산되기 일쑤이다.

나는 지난 40년 동안 다양한 직종의 경영자들에게 보고서를 제출하며 지내 왔다. 개중에는 바람직한 리더들도 있었지만 형편없는 이들도 있었다. 바람둥이, 인종차별주의자, 성질이 고약한 이기주의자 등 악덕 보스 밑에서 일한 적도 있었다. 상당수가 머리는 명석했지만, 방정치 못한 품행이 문제였다. 때문에 기업의 이미지가 추락하는 경우도 있었다. 한 바람둥이 중역은 여비서 한 명을 자기 밑에서 일하도록 승진시키라고 우겼다. 그러기엔 그녀의 경험이 부족했는데도 말이다. 결국 그녀는 성차별 소송을 제기했다고 한다. 그런가 하면 직원들과 얼굴을 맞

직장생활에서 다르게 나타나는 보스와 리더의 행동		
	리더	보스
기업의 성공	장기적인 결과에 주안점을 두고 기업의 지속적인 성공을 유도한다.	다음 분기의 수익에만 열을 올린다. 큰 그림을 보지 못하는 것이다.
직원들을 대하는 태도	직원들을 보호한다.	직원들을 목적 달성을 위한 수단으로만 취급한다.
커뮤니케이션	이사회와 주주, 고객, 거래업체 및 직원들과 직접 연락한다. 그들에게 답을 하는 태도도 늘 사려 깊고 겸손하다.	직원들에게 '사탕발림' 같은 말을 일삼으면서도 실은 자신의 성공에 더 관심이 많다.
타인에의 존중	직급에 관계없이 모두를 존중하고 배려한다.	경영진에게는 잘 보이려 노력하지만 부하 직원들에게는 아예 관심을 끊거나 냉대한다.
갈등 해소	갈등이란 언제든 찾아오게 마련이라는 사실을 일찌감치 깨닫고 이를 원만하게 해결한다.	종종 갈등을 조장한다. 제대로 해결하지도 못하면서 말이다.
중간 관리자의 행동에 대한 반응	중간 관리자의 언어폭력 및 불미스럽고 추잡한 행동을 철저히 금한다.	중간 관리자의 언어폭력 및 불미스러운 행동을 무시한다. 되레 자신이 그런 행동을 할 때도 있다.
사생활 존중	직원들도 사생활을 즐겨야 한다는 것을 인정한다. 게다가 직원들의 웰빙과 기업의 실적을 위해서라도 직장과 가정생활 간의 균형이 필요하다는 것을 강조한다.	직원들에게 짧은 마감일 동안 무리한 부담을 떠맡긴다. 그리고는 시시콜콜 간섭한다.
업무 처리	직원들의 업무를 방해하는 걸림돌을 제거하고, 필요한 정보를 제공해 준다. 또 직원들이 좀 더 쉽게 업무를 처리하도록 노력한다.	직원들의 업무 처리를 방해하기도 한다. 더군다나 쓸데없이 일감을 만들어내 직원들의 원성을 산다.

대고 춤을 추는 댄스파티를 여는 경영자도 있었다. 그는 직원과 불과 몇 시간 만에 '부적절한 관계'를 맺어 유명세를 타기도 했다. 앞의 표는 이런 '보스'와 '리더'의 시각 및 행동이 직장생활에서 어떻게 다르게 나타나는지 비교한 것이다.

비호감 경영자는 어떤 행동을 할까?

윌리엄 J. 레더러와 유진 버딕이 쓴 『비호감 미국인*The Ugly American*』(W. W. 노턴, 1999)은 원래 1958년에 출간된 책으로, 나의 고교 시절 필독서 중 하나였다. 저자는 타인을 배려하지도, 관심을 갖지도 못하는 주인공을 생생히 그려냈다. 그 책을 읽을 때만 해도 내가 직장에서 '비호감 미국인'의 사촌격인 '비호감 경영자'를 직접 만나리라고는 상상조차 못했다. 본디 리더의 주된 임무는 무얼까? 바로 비전을 제시하고, 직원들의 창의력과 자유로움 및 잠재력을 최대한 살리는 전략을 세우는 것이다. 하지만 '비호감 경영자'는 기업에 꼭 필요한 직원들의 에너지와 역량, 창의성 및 열정 등을 소진시킨다. 그 결과, 기업의 주요 고객과의 관계마저 위태로워지곤 한다.

당신의 회사는 비호감 경영자에 대응하는 방침이 있는가? 선뜻 대답이 나오지 않는다면 회사가 그들의 추태를 방관하고 있을 확률이 크다. 그 이유가 뭘까? 대개 회사는, 프로답지 못하고 생산성마저 떨어뜨리는 비호감 행위를 단호하게 거부할 수 없거나, 그럴 의향이 없을 가능성이 높기 때문이다. 회사 내에서 그런 비호감 행위는 엄연히 용납되어선 안 되는데도 말이다.

비호감 경영자의 유형

꼭 한 번쯤은 마주칠 법한 '비호감 경영자'는 과연 어떤 인물일까? 그는 매우 이기적이다. 그러다 보니 자신뿐 아니라 기업의 이미지마저 '동반 추락'시키곤 한다. 다음은 비호감 경영자의 불쾌한 특징을 열거한 것이다.

• 거짓말

어느 CEO는 한 여성 매니저에게 "그쪽의 차기 회계연도 고용 계약서를 책상 위 어딘가에 두었는데, 잘 기억이 안 나는군"이라고 했다. 하지만 시간이 지나도 계약서는 코빼기도 보이지 않는 거였다. 참다 못한 매니저는 CEO에게 재촉을 했다. 그러자 그는 대뜸 "그래도 월급은 받고 있잖나?"라며 쏘아붙이는 게 아닌가. 이번에는 인사과장을 찾아가 확인해 보기로 했다. 그랬더니 인사과장은 "CEO가 애초에 계약서를 작성하라고 지시한 적이 없다"고 털어놓았다.

• 자기중심주의

한 고위 간부가 비서에게 호텔을 예약해 두라고 했다. 조만간 출장을 떠날 테니 가장 널찍하고 화려한 스위트룸을 잡으라는 것이다. 하지만 방의 규모나 모양새가 성에 차지 않으면 당장 다른 호텔을 예약하라고 닦달할 게 뻔하다.

• 오만함

한 경영자는 직원들과 민항기나 회사 전용기를 타곤 한다. 그런데 그는 나머지와 멀찍이 떨어져 앉는 게 예사다. 착륙할 때까지 그들을 싹 무시하면서 말이다.

• 독재

점심시간이 끝나갈 무렵, 한 보스는 그제야 사무실에서 점심을 때우기로 결심했다. 이내 비서에게 밖에서 도시락을 사오라고 지시한다. 얼마 후, 식사를 마친 그는 식판을 기분 나쁘게 쓱 밀어내며 비서를 타박한다. "도무지 맛대가리가 없다"라며.

• 로맨틱한 연출

어느 CEO는 잠자리를 같이하던 (부인이 버젓이 있는데도) 어느 젊은 여성을 고용하고 싶어 했다. 하지만 그녀의 '스펙'이 어떤 빈자리에 앉히기에도 턱없이 모자랐다. 결국 그는 부사장들이 맡은 업무 중 몇 가지를 빼내서 새로운 중역 자리를 만들어냈다. 아니나 다를까, 내연녀는 업무를 제대로 처리하지 못했다. 일감은 다시 부사장들에게로 되돌아갔다. 그런데도 '특별 중역'이라는 명목으로 내연녀는 제명되지 않았다.

• 인종 및 성차별

한 기업의 회장이 정기적으로 모임에 초대하는 부사장들을 보면 하나같이 백인 남성들뿐이다. 게다가 단골 레스토랑에서 그들과 점심을 먹을 때면 어김없이 인종 및 성차별적인 뉘앙스가 짙은 농담이 오고 간다. 관리자들을 비롯한 기업 직원들의 인종 구성비는 CEO의 편견 어린 시선을 반영하곤 한다.

폭력은 사람들의 사기를 떨어뜨린다

내가 십대일 때는 여름철이 되면 캘리포니아의 유바와 서터 카운티를 잇는 복숭아 과수원에서 손수 열매를 따곤 했다. 그때 함께 수고하는 인부들의 땀방울을 보고는 직업윤리의 중요성을 새삼 느꼈다. 또한 몇몇 경험을 통해, 어느 직장에서든 '폭력이 설 자리는 없다'는 사실도 배웠다. 물론 폭력적인 불량직원이 아예 없을 수는 없겠지만 말이다.

십대 후반에 캘리포니아 농무부에서 과일 검사관으로 일한 적이 있다. 농부들은 과일을 통조림 공장으로 팔기 전에 이곳으로 먼저 가져와야 했다. 그중 썩었거나 품질에 이상이 있는 과일을 가려내는 것이 내 일이었다. 하루는 트럭에 한가득 실린 썩은 복숭아를 퇴짜 놓았다. 그러자 술 취한 과일 주인이 분노에 떨며 내게 달려드는 것이었다. 아주 혼쭐을 내서 나를 맘대로 휘두르겠다는 기세였다. 그는 보란 듯이 자기 셔츠를 힘껏 찢어 댔다. 그러자 단추가 '휙' 하고 하늘로 튕겨나갔다. 이내 그는 두 주먹을 추켜올렸다. 분명 싸울 기세였다. 나는 조곤조곤 그를 설득해 보려 했다. 트럭에 실린 복숭아(그에게는 분명 주요 수입원이었을)에 대한 내 평가가 틀렸다면, 지방 감독관을 호출해서 다시 물어보자고 타이른 거다. 결국 감독관이 왔다. 그런데 그는 나보다 훨씬 더 엄격하게 복숭아에 불합격 처리를 내리는 게 아닌가. 그제야 기가 꺾인 과일 주인은 트럭을 타고 슬그머니 사라졌다. 과일은 아마 직접 처분했을 것이다. 사실 복숭아가 형편없다는 건 그도 처음부터 알고 있었을 테니까.

나는 이 사건으로 적잖이 당황했다. 하지만 내가 올바르게 처신했다는 자부심이 들었다. 욕설을 퍼붓거나 몸싸움을 하지 않고 이성적으로 설득했으니까. 내 나름의 업무에 대한 방향성에 어긋나지도 않았고 말이다.

남녀차별은 기업의 성공에 걸림돌이 된다

능력이 출중한데도 승진하지 못하고 소외당하는 여성 직원들의 경우를 자주 봐 왔다. 단지 여성이라는 이유에서였다. 이와 관련된 몇 가지 예를 들자면 다음과 같다(실명과 회사는 개인정보 보호차원에서 제외했다).

– 한 흑인 여성은 회사 내에서 여러 잡다한 업무를 맡고 있었는데, 모두 그녀의 능력을 전혀 살리지 못하는 일뿐이었다. 회사에서 그녀의 능력을 제대로 파악한 건지, 아니 그녀에게 관심이 있기나 한 건지 의심스러울 정도였다. 회사 주변 지역에 빠삭한 그녀는 이웃 기업들의 CEO를 대부분 개인적으로 알고 있었다. 그것만 해도 놀라운 자산이었다. 덕분에 일선에 뛰어들 기회도 쉽게 얻는 편이었다. 더군다나 현장 대처 능력이 뛰어난 고급 인력으로서 뚝심도 강했다. 후에 나는 CEO가 그녀를 따돌린 자초지종을 알게 되었다. 불안한 CEO는 그녀의 존재를 위협으로 여겼던 것이다. 그녀 앞에서는 영 심기가 불편했던 모양이다.

– 어느 연로한 여성은 한 고용주에게 헌신하며 평생을 바쳤다. 그녀는 업계와 회사의 역사, 가치관 및 전통에 대해 줄줄이 꿰고 있었다. 어떤 문제도 그녀에게 물어보면 답이

나올 정도로 지식도 풍부했다. 그럼에도 CEO를 비롯한 남성 간부들은 대개 그녀의 역량을 인정하지 않았다. 그저 '한물간 직원'이나 '늙은 참견쟁이' 정도로 취급했다.

– 어느 기업의 한 젊은 여직원은 매우 부지런하고, 세련되었으며, 유머감각도 탁월했다. 맡은 일을 잘해 냈기에 동료들도 그녀를 전적으로 신뢰했다. 하지만 그녀의 주임은 당최 그녀를 밀어주지 않는 거였다. 그녀를 도와야 한다는 걸 잘 알면서도 말이다. 알고 보니 주임은 심적으로 매우 불안한 직원이었다. 그래서 상관에게는 아부를 떨지만, 막상 부하 직원은 무시하고 무례를 범하곤 했던 것이다.

– 다른 회사의 한 여직원은 나무랄 데 없는 일꾼이었다. 유머감각뿐 아니라 업무 처리 능력도 뛰어났다. 게다가 업계 쪽의 지역적 인맥도 대단했다. 그런데도 이상하게 몇 년째 같은 일만 하고 있었다. 더구나 그 어떤 대형 프로젝트에도 낀 적이 없었다. 알고 보니, 회사의 CEO는 그녀의 능력을 활용할 생각은커녕, 그녀를 그저 '눈엣가시'로 여기고 있었다고 한다.

다양성은 자산이다

앞서 이야기한 직장에서의 여러 추태와 더불어, 직장 내 인종 차별의 가장 큰 문제점은 무엇일까? 바로 그 반대 개념인 '다양성'으로부터 오는 엄청난 이득을 놓치게 된다는 것이다.

'다양성'이 내포하는 이점들에 대해 살펴보자.

• 혁신, 호기심 및 창의성

리더는 아이디어가 창출되는 과정을 잘 이해한다. 또한 참신한 아이디어 없이는 업계에서의 경쟁력을 잃을 거라는 사실을 누구보다 잘 안다. 과감하고 새로운 아이디어는 무에서 창조되지 않는다. 관점과 생활환경 및 문화가 서로 다른 인재들 간의 교감 및 소통을 통해 생겨나는 것이다. 마치 '스파크'가 터지듯이 말이다.

• 고객 가치와 브랜드 인지도

국내외 고객을 염두에 두고, 마케팅과 영업, 제품 디자인 분야 등에 다양한 직원들을 채용하는 것도 중요하다. 사회가 점점 글로벌화되는 추세이니 말이다. 기업이 이런 점을 주시하지 않는다면 어떻게 되겠는가? 기업 신뢰도가 추락하고 고객마저 잃을 것이다. 진부한 아이디어로 연명하는 회사라면 상대하고 싶지 않을 테니까.

• 인재 풀Talent Pool

새로이 부각되는 시장에서 근무한 직원들을 채용하는 '비즈니스 센스'를 발휘하라. 신흥 인재들을 유치하려면 모름지기 이사회와 고위·중간 관리자 및 현장 직원들의 구성이 다양해야 한다. 그렇지 않으면 인재들이 다른 기업으로 뿔뿔이 흩어져 버릴 것이다.

'비호감 경영자' 문제를 해결하기 위해 이사회에서는 고위 관리자를 위한 '행동 수칙'을 세우기도 한다. 물론 그렇다고 잘못을 발뺌하는 고위 관리자가 없어지진 않겠지만 말이다. 하지만 그런 관리자 밑에서 일하는 직원들까지 덩달아 수칙의 기준을 낮춰도 된다는 뜻은 아니니, 오해 없기를 바란다.

다행히 몇몇 기업은 글로벌 시장에서 성공하기 위한 주요 전략으로 다양성 확보와 문제 해결력을 꼽고 있다. 헤이 그룹 리더십·인재 활용 담당자 겸 '리더십 최우수 기업'의 공동 주관자인 릭 래시는 "최고의 리더들은 늘 자신을 돌아본다. 또한 다양성과 세대 및 지역문제에 밝아야 함을 깨닫고 있다"고 말한다.

다음은 2011년 1월, 헤이 그룹에서 우수한 리더십을 발휘한 20곳의 기업을 대상으로 실시한 조사결과이다.

- 90%의 기업이 소수민족을 적극 채용한다.
- 95%의 기업이 "사내 문화의 다양성이 기업의 효율을 배가시킨다"라고 말한다.
- 100%가 기업의 안존을 좌우하는 중요한 자리가 공석이 될 경우, 그 후임이 언제든지 채용될 수 있도록 조치한다.
- 100%가 어느 부서든 리더십을 발휘할 수 있는 내부 후보자를 다수 확보해 둔다.
- 58%가 고위 간부직에 여성을 대거 채용한다.
- 95%가 직원들의 '가정과 직장생활 간의 균형'을 우선순위에 둔다.

리더는 차이를 만들어낸다

'진정한 리더'는 '비호감 경영자'의 반대 개념이다. 진정한 리더란 공·사기업에서든, 정부기관에서든, 업무 처리와 업계 전체에 긍정적인 영향력을 발휘하는 인물을 일컫는다. 리더는 주변 사람들과 소통하고 그들의 행동을 고무한다. 이는 이미 익숙한 리더십의 필수 개념일 것이다. 하지만 장기적인 성공을 위해서 반드시 필요한 조건임을 잊지 말아야 한다.

모범이 되는 리더로, 조지 W. 부시 및 오바마 행정부에서 국방부 장관을 지낸 로버트 게이츠를 들 수 있다. 그는 돈독한 대인관계와 파트너십을 조성하는 기술이 매우 탁월했다. 현역 당시 게이츠는 대통령과의 실무관계도 매우 가까웠다. 그는 오바마 대통령의 의도를 파악하여 매번 이를 만족시켰다. 진정한 리더였던 그는 타인과 견고한 대인관계 및 동반자관계를 키워나가는 것이 성공의 지름길이라는 점을 일찌감치 깨달았던 것이다. 텍사스 A&M 대학에서 학장으로 활약한 것도 그러한 통찰력을 기르는 데 한몫했을 것이다. 학장이야말로 다양한 '고객층'을 만족시켜야 하는 직책이니 말이다.

진정한 리더는 배려할 줄 안다

리처드 닉슨 대통령이 엘모 R. "버드" 줌월트를 1970년 해군 작전 사령관으로 지명했을 때 미국은 베트남 전쟁을 치르고 있었다. 젊은이들이 군 지원을 기피한 탓에 재복무율은 급감했다. 더불어 애당초 인종문제를 외면해 온 해군은 함대에서 벌어진 인종차별과 파업사태가 세간의 화제가 되자 어쩔 수 없이 이를 수습해야 했다. 한마디로, 미 해군은 불만에 휩싸여 있었다. 그 주된 이유는 보스(사령관)와 스태프(장교 및 하사관 이하) 간의 소통 단절 때문이었다. 진정한 리더십도 부족했다. 닉슨 대통령은 시련이 닥칠수록 보스나 폭력상관이 아닌, '리더'를 세워야 한다는 것을 절실히 깨달았다. 그리고 줌월트야말로 조직을 진심으로 배려할 줄 아는 리더였다.

리모네이라사의 해럴드 에드워즈도 줌월트 못지않은 혁신적인 리더이다. 그는 직원들과 공동체를 배려하고 당면한 과제는 무엇이든 거뜬히 해결한다. 그가 정의하는 리더십이란 "비전을 품고, 사심 없이 합의점을 찾는 것"이다.

1893년에 설립된 리모네이라는 캘리포니아 영농 업계의 선구자였다. 에드워즈가 리모네이라의 경영진에 편승했을 때 회사는 미래보다는 과거의 공적에 뿌듯해하며 간신히 명맥만 이어가고 있었다. 하지만 에드워즈에겐 잠재력을 내다보는 비전이 있었다. 그도 줌월트 제독과 마찬가지로 미래를 건설하는 법을 알았던 것이다. 또한 리더로서 합의를 이끌어낼 줄도 알았다. 그는 획기적인 변화를 위한 독단적이고 거창한 계획을 내세우지 않았다. 대신 공동체와 기업의 파트너십을 강화하는 데 많은 공을 들였다. 또한 한때 회사 성장의 근간이 되었던, 회사 자산에 대한 '청지기' 정신을 장려했다. 그러자 리모네이라에 큰 변화의 물결이 일었다. 현재 본사는 미국에서 7,000에이커의 농지를 관리하며, 아보카도와 레몬을 가장 많이 생산하고 있다. 남부 캘리포니아 부동산 시장에서도 유력한 기업으로 꼽힌다.

경영자에게 연례 주주총회는 감당하기 버거울 때가 종종 있다. 기업가다운 면모를 유지하면서도 으르렁대는 주주들의 비위를 일일이 맞춰줘야 하기 때문이다. 그러나 소통과 경청의 '달인'인 에드워즈에게 주주들을 다루는 건 누워서 떡 먹기였다. 그는 기업의 콘셉트와 향후 전략을 밝히고는 주주의 물음에 차분히 대답했다. 기업의 결정사안에 대해서도 세심하게 해명했다. 아무리 질문이 까다롭고 주주가 괴팍해도 냉정을 잃지 않았다. 행여 난감한 사태가 벌어지더라도 고도의 처세술로 이에 맞섰다. 주주를 업신여기거나 난동을 부리는 법도 없었다.

나는 그동안 에드워즈의 활약상을 여러 번 지켜봐 왔다. 최근 리모네이라 연례회의 때 그의 모습이 가장 돋보였다. 질의응답 시간에 그는 주주의 질문 하나하나에 성심성의껏 답했다. 질문이 부적절했을지언정 무안을 당했다는 주주는 없었다. 게다가 에드워즈는 "답변이 미흡했다면 질문자와 따로 만나겠다"고 선뜻 제안하기까지 했다. 그는 주주들의 알 권리를 챙기려는 욕심이 강했다. 이는 바로 주요 고객들을 '일깨워 줌으로써 같이 발전해 나가는' 그의 리더십 철학을 대변하는 것이었다. 결국 에드워즈는 다양한 구성의 주주들에게서 합의를 이끌어냄으로써 그만의 비즈니스 모델을 실현시킬 수 있었다.

에드워즈가 경영하는 영농사업은 캘리포니아가 미국의 영토가 된 이후로 여러 세대를 거듭해 내려온 것이었다. 그러는 동안 계보가 복잡하게 얽힌 상속자들의 손에 대규모 농장과 대지가 갈가리 찢기기도 했다. 띄엄띄엄 개발이 이루어지는 바람에 인근 농지가 소실되기도 했다. 그러나 에드워즈는 상속자 개개인 및 그 가족들과 손을 잡고 대지를 영리기업으로 전환하는 데 성공했다. 마침내 대지가 농토의 손실 없이 후손에게 온전히 대물림되는 시스템이 구축된 것이다.

로벤 W. 플레밍도 타인을 배려할 줄 아는 위대한 혁신가이자 지조 있는 리더로 꼽힌다. 93세를 일기로 2010년 세상을 떠난 그는 미시간 대학 총장을 비롯하여, 위스콘신 대학 명예총장 및 퍼블릭 브로드캐스팅 사장 등, 다양한 리더 역할을 맡았다. 또한 법과대 교수이자 중재인으로서 위스콘신 및 일리노이 대학의 노조에서 직책을 맡기도 했다.

플레밍은 인종차별의 철폐를 부르짖었으며, 비폭력주의의 신봉자로서 베트남전 참전을 맹렬히 비난했다. 1960년대 당시, 학생 시위로 미국 전역의 대학 건물들이 화염에 휩싸였다. 그때도 플레밍은 직원 및 학생들과 지역 공동체에 진정으로 관심을 갖고 귀를 기울였다. 그가 위스콘신 대학 명예총장이었을 때의 일이다. 유난히 격렬한 학생운동 시위가 벌어졌다. 그러자 플레밍은 경찰을 불렀다. 그리고 이내 철창신세를 지게 된 학생들을 보석으로 직접 빼냈다고 한다. 물론 사재를 털어서. 후일 그가 미시간 대학에 몸담았을 때도 대학가가 비슷한 위기에 당면했었다. 그때도 그는 노사 협상기술과 인내심 및 유머감각을 유감없이 발휘했다. 그 결과 미시간 대학은 격동의 시절을 별 탈 없이 지낼 수 있었다고 한다.

밀레니엄 세대의 리더

누구에게나 천편일률적인 '프리사이즈' 리더십을 구사하는 리더를 만난 경험이 있을 것이다. 그런 리더십에서 비롯되는 단절 및 직원들의 권익 박탈은 흔히 볼 수 있는 현상이다. 특히나 오늘날의 다문화·다인종·다연령 사회의 직장에서는 그런 현상이 심화되고 있다. 최저치를 기록한 직업 만족도도 어느 정도 그 원인을 같은 맥락에서 찾을 수 있다. 리더십이 더욱 강조되는 이유도 여기에 있다. 따라서 오늘날의 리더라면 모름지기 획일적인 리더십을 탈피해야 한다. 대신 다양한 세대와 집단의 입맛에 맞추는 방향으로 리더십 스타일과 노하우를 쇄신해야 할 것이다. 그들 저마다의 이상적인 목표를 저해하지 않는 범위 내에서 말이다.

젊은 인력층을 '밀레니엄 세대'라고 한다. 이들은 소위 'Y세대'로도 불리는데, 그들 나름대로 떠안은 문제점이 드러나고 있다. 대략 1980년에서 2000년 사이에 출생한 밀레니엄 세대는 2014년이 되면 약 5,800만 명에 육박할 것으로 보인다. 단순한 '보스'라면 이들을 두고 '버르장머리가 없다'거나 '아주 까다로운 세대'라고 폄하할 수도 있다. 그러나 진정한 '리더'는 Y세대가 지닌 엄청난 가치를 꿰뚫어 볼 줄 안다. 이들이 새로운 기술과 통찰력을 직장에 불러들일 것을 확신하는 것이다. 따라서 리더라면 밀레니엄 세대가 에너지를 업무에 집약시킬 수 있도록, 이에 걸맞은 리더십을 발휘해야 할 것이다.

보스의 선입견과는 달리, '차세대 일꾼'인 '밀레니엄 세대'는 업무에 충실하고, 열정적인 데다 의욕도 남다르다. 바로 이들이 내일의 리더가 아니겠는가? 이들은 글로벌 시장에서 국가 전체의 창의력 및 혁신과 경쟁력을 높일 잠재력을 지녔다. 밀레니엄 세대는 영리하고 부지런하다. 게다가 성공에 대한 욕심도 있어 도전과 자기계발을 위한 피드백을 환영한다. 최신 테크놀로지에 익숙하고, 다양한 문화를 이해할 줄도 안다. '다양성'과 '지속성' 같은 가치를 지향하기도 한다. 그들은 거물 기업가 및 정치가들을 그다지 신뢰하지 않는 반면, 사회 복지에 관심이 많다. 게다가 팀과 그룹 활동을 강조하는 현재의 교육제도 덕에 팀에 소속되려는 성향도 매우 강하다.

이미 걸출한 밀레니엄 세대 리더들이 여럿 배출된 바 있다. 하버드 대학의 컴퓨터 공학도였던 마크 주커버그가 좋은 예다. 그는 2004년 페이스북의 공동 창시자로서 소셜 네트워크 혁명을 일으켰다. 그런가 하면 래리 페이지와 세르게이 브린은 구글을 창립했다. 구글 본사의 중동 지역 마케팅 팀장인 와엘 고님은 트위터를 활용해 이집트의 호스니 무바라크 대통령 퇴진에 적극 기여하기도 했다. 이들은 참신하고 급진적인 아이디어 및 노하우를 실현하려는 열정과 비전을 품은 신세대 리더들이다. 수십 년 전, 젊은 빌 게이츠와 폴 앨런도 그러한 비전과 열정으로 마이크로소프트를 창립하지 않았는가?

밀레니엄 세대가 원하는 직장환경은 무엇일까? 이들은 멘토를 붙여 주고, 실적평가를 자주 실시하며, 프로젝트의 성과에 대한 공로를 인정해 주는 기업을 원한다. 동시에 업무시간은 좀 더 융통성 있어야 한다. 즉, 전통을 뒤엎는 것이 앞으로 직장환경의 추세가 될 거라는 이야기다. 기업들은 규모가 크든 작든, 신세대 인력을 유치하도록 자체 시스템을 발전시켜야 한다. 그렇지 않으면 도태되고 말 테니까. 가정 친화적이지 않은 회사 방침도 버려야 한다. 자녀와 오붓한 시간을 보내려는 것뿐인 직원들을 징계한다면 밀레니엄 세대에 어필할 수 없다.

밀레니엄 세대는 타 기업에 비해 '뭔가 더 나은' 기업에 입사하고 싶어 한다. 또한 이전 세대보다 더 빠른 승진과 자기 발전을 추구한다. 따라서 인재 계발에 필요한 자체 시스템을 구축하는 기업이 그들에 의해 선택될 확률이 높다. 직원들의 업무가 비단 기업 전체의 성공뿐 아니라 그들 자신의 커리어 발전으로 직결되도록 동기를 부여하는 것이 중요하다.

벤투라 카운티의 마이클 브래드베리 검사의 주장을 들어 보자. 그는 리더들이 밀레니엄 세대를 상대하려면 먼저 이들에 대해 꼼꼼하게 알아야 한다고 말한다. "퓨 리서치 센터가 밀레니엄 세대의 가치관과 의견 및 행동을 분석한 보고서를 냈다.[1] 요즘의 젊은 직원들을 관리하는 리더라면 누구나 읽어 봐야 할 것이다"라고 그는 강조했다.

이전 두 세대와는 달리, 밀레니엄 세대는 기업에 대한 신뢰도가 다소 낮다. 아이러니하게도, 바로 이 때문에 기업 측에는 지금이 오히려 기회일 수 있다고 브래드베리는 덧붙였다. 밀레니엄 세대가 특정 기업에 대한 신뢰도를 새로이 쌓으면 더 오래

---

1 〈밀레니엄 세대: 다음 세대의 초상The Millennials: A Portrait of Generation Next〉, 퓨 리서치 센터, http://pewresearch.org/millennials.

근무하게 될 것이고, 결과적으로 기업 쪽에선 직원 관리 비용
이 줄어들 수 있기 때문이다.

밀레니엄 세대는 신뢰도를 양방향의 문제로 본다. 따라서 오늘
날의 리더는 진심으로 직원들에게 관심을 보여야 한다. 기존의 직
원들과는 달리, 그들은 리더를 '동반자'로 간주하기 때문이다. 일
단 리더가 부하 직원들의 마음을 헤아리고, 무엇이 그들의 의욕
을 이끌어내는지 이해했다면, 직장의 체제를 바꿔서라도 그들의
'새로운 마인드'를 최대한 활용해야 한다. 물론 기업을 완전히 평
등한 집합체제로 전환하라는 뜻은 아니다. 하지만 적어도 기업의
발전을 위해서는 종전의 판에 박힌 업무방식은 탈피해야 한다.[2]

오늘날의 젊고 영리한 직장인들은 특정 업무 및 업계 전체의
의사결정 현장에서 다양한 세대별 관점을 내놓는다. 특히 직장
환경 내 역학관계를 바꾸려는 문제에서는 더욱 그렇다. 그러나
그런 관점을 경청하는 보스나 이를 실현하려는 기업은 현재로
는 극히 드물다. 이 때문에 급변하는 글로벌 시장에 적응하지
못하고 허둥대는 회사가 허다하다. 그러므로 진정한 리더라면
각각의 다양한 세대가 회의에 내놓는 아이디어에 귀를 기울여

---

2 마이클 브래드베리, 저자와의 인터뷰, 2011년 5월 24일.

야 한다.

젊은 세대의 문제 접근 및 대응방식과 비판적 사고가 나이 든 경영자와 천차만별일 때가 있다. 훌륭한 리더라면 이런 차이를 긍정적으로 받아들일 줄 안다. 정면으로 대립해 논란을 일으키기보다는 말이다. 오히려 서로 다른 아이디어와 접근법을 비즈니스와 마케팅 전략에 적극 활용한다. 그리하여 경쟁 업체보다 훨씬 신속하게 전략적 우위를 차지하는 것이다.

신세대 일꾼은 아직 특정 업무에 대해 서투를 수 있다. 하지만 자신들 세대가 무엇을 원하고, 이를 어떤 방식으로 얻을지에 대해서는 누구보다 잘 안다. 이런 젊은 인력들이 훌륭한 멘토와 힘을 합친다면 반드시 향후 성공을 거듭하는 팀이 탄생할 것이다.

디자인 업계를 보면 예술로는 성공했을지 몰라도 비즈니스 감각은 거의 '제로'인 기업이 의외로 많다. 그러나 환경 그래픽 디자인 업체인 미시간 주 트래버스 시티의 코빈 디자인 회사는 이 두 가지 역량을 두루 갖추었다. 코빈 디자인은 역동적인 시장에 관심을 기울인 경영진의 의지에 힘입어 성공한 경우이다. 설립 후 35년을 이어 온 코빈은 그간 주택과 건물 복원, 인테리어 디자인 및 마케팅 커뮤니케이션 분야에서 두각을 나타냈다. 또한 최근에는 종합병원과 대학 캠퍼스 및 대도시 등에서 표지

판을 비롯한 여타 건축물을 이용해 복잡한 지리를 안내하는 '길찾기' 분야에 도전하고 있다. 회사 설립 이래, 코빈의 경영진은 회사와 디자인 프로세스를 발전시키고, 고객 관리에도 이바지한 훌륭한 디자이너들과 자주 일해 왔다. 물론 그 디자이너들이 다 성공을 거두진 못했지만 말이다. 디자이너 출신인 코빈의 마크 밴더클립 사장은 성공한 리더의 대표적인 예다. 그는 회사를 현재의 위치까지 끌어올린 장본인이다. 바로 '길찾기' 디자인을 재정립하여 경쟁 업체들을 크게 따돌렸기 때문이다.

의료 업계가 의료진 중심에서 환자 중심 관리체제로 변화함에 따라 의료시설 내 '길찾기' 디자인의 중요성은 날이 갈수록 커졌다. 이에 코빈의 디자이너와 프로젝트 매니저는 환자 및 가족 친화적인 의료절차와 의료시설 디자인에 대한 컨설팅 서비스를 제공하고 있다. 대부분은 '길찾기'가 병원의 새 디자인으로 제안되기 전까지는 그 필요성을 좀처럼 느끼지 못했다. '길찾기'가 병원의 새 디자인으로 제안되고 나서야 병원 내 다양한 부서의 위치도 고객편의 위주로 바뀐 것이다. 밴더클립은 "내가 잘하는 분야에 최선을 다해야 남도 그가 잘하는 분야에서 더 쉽게 최선을 다할 수 있을 것"이라는 의견에 적극 동감하는 입장이다. 즉, 코빈에서 환자들이 의료 서비스를 더 편리하게 이용하도록 최선을 다하면, 의료 업계의 문화도 발전할 거라는 민음인 것이다.

오늘날 밀레니엄 세대는 이전 세대보다 훨씬 다양한 능력을 직장에서 발휘하고 있다. 혁신적인 세대는 그들의 역량을 발휘하고 싶어도 대개 저항에 부딪치곤 한다. 하지만 이때 적시에 현명한 리더가 등장한다면? 이들의 만남이 곧 혁신을 불러일으키게 될 것이다.

밀레니엄 세대의 긍정적인 특징과, 그것이 직장에 기여할 수 있는 방법은 무엇일까? 당신이 리더라면 그들의 역량을 어떻게 활용할 것인가? 젊은 직원들이 미래의 리더로 부상하기 위해 당신이 도울 일은 무엇인가? 물론 "내가 왜 그런 것까지 신경 써야 하지?"라며 반문할지도 모르겠다. 그러나 이 점을 직시하자. 바로 밀레니엄 세대가 직장에서 발휘하는 열정과 의지력, 그리고 창의력은 글로벌 시장의 변혁과 혁신을 앞당길 거라는 것. 리더가 밀레니엄 세대의 '파워'를 적극 활용할 수만 있다면, 경쟁우위는 따 놓은 당상이 아니겠는가?

리더십 전략, 이제는 달라져야 한다

점점 커지는 글로벌 시장과 급속도로 진화하는 기술, 그리고 급변하는 직장환경은 미래의 리더들이 극복해야 할 주요 과제이다. 만약 직원들이 도시 이곳저곳도 모자라 다른 주나 나라에 흩어져 있다면 어떨까? 어떻게 이들의 의욕을 단합시킬 수 있단 말인가? 사실, 대기업이든, 중소기업이든 간에, 수많은 회사가 이미 직원들이 곳곳에 흩어진 현실을 맞이하고 있다. 회사가 점점 딱딱한 벽돌로 만들어진 빌딩에서 온라인상의 가상공간으로 옮겨 가고 있기 때문이다.

그러므로 진정한 리더라면 이러한 '다양성'이라는 새로운 국면에 대응하는 법을 배워야 한다. 최신 기술 및 각종 수단을 적극 활용함으로써 기업의 실적을 끌어올릴 수 있는 법을 습득해야 할 것이다. 이는 시장에서 경쟁력을 유지하려면 피할 수 없는 과제이다.

원거리 인력을 관리하려면 소통이라는 측면에서 더 많은 계획과 아이디어가 필요하다. 많은 계획과 아이디어를 세우다 보면 리더는 자연스레 직원들의 요구에 좀 더 민감해질 것이다. 눈에서 멀어진다고 마음도 멀어져야 한다는 법은 없다.

인터넷 시대는 이를 포용하는 리더들과 기업들에 많은 혜택을 제공해 왔다. 이를테면, 비즈니스 비용은 감소하고, 직원에겐 여유와 융통성이 생겼다. 그러다 보니 직원들의 창의성 및 생산성도 함께 증대되었다.

그러나 단점도 없는 것은 아니다. 본사와 멀찌감치 떨어져 있거나 해외 지사에서 근무하는 직원들은 소속감이 약화될 수 있기 때문이다. 이때, 진정한 리더가 발 벗고 나선다면 상황은 달라질 수 있다. 사실, 여러 지역에 흩어져서 일하는 직원을 한데 모아 정기회의를 여는 것은 리더의 전통적 소임이다. 화상회의와 쌍방향 웹세미나 등도 훌륭한 임시 커뮤니케이션 수단이 된다. 그러나 아무리 첨단기술이라도 얼굴을 직접 마주 보는 효과를 대신할 수는 없다. 직원들이 어디에 있든, 일단 함께 소통하는 자리를 마련해야 회사와 시장의 현주소도 정확히 파악할 수 있다. 이처럼 직원들과의 소통이 점차 온라인상에서 이루어지고 물리적인 거리도 서로 멀어지다 보니, 기업 및 경영진의 역할이 점차 커지고 있다. 사회 공동체의 리더로서 기업문화를 증진하고 직원들에게 동기를 심어 주어야 하기 때문이다.

블래즈 심쿠의 예를 들어 보자. 학술, 교육 및 전문직 시장을 겨냥해 각종 저널과 서적 및 전자책을 발행해 온 세이지 퍼블리케이션스의 CEO인 그는 본사 직원들과 연락하기 위해 전 세계를 두루 다닌다. 캘리포니아에서 런던이나 싱가포르 등지로 말이다. 그는 기업의 혁신과 발전을 위한다면 직원들이 어디에 있든, 그들의 의견이 수렴되어야 한다고 강조한다. 또한 그들에게 참여와 교육의 기회를 제공해야 한다고 본다.

앞서 인용한 헤이 그룹의 보고서에서는 "리더의 역할이 평준화되고 있는 반면, 직원들 간의 팀 프로젝트는 증가하고 있다"고 지적했다. 즉, 하나의 공동 목표 달성을 위해 각각 따로 노력하는 소그룹 체제가 확산되고 있다는 거다. 이런 현상이 긍정적인 이유는 소그룹의 특성상, 직원들끼리 서로 얼굴을 마주보고 일할 기회가 많아진다는 데 있다. 요즘과 같이 인력이 각지에 흩어지는 추세에서는 그 의미가 더 크다.

급변하는 직장환경에도 꾸준한 실적을 내기 위한 기본 원칙은 예나 지금이나 똑같다. 진정한 리더십은 변화를 시사한다. 즉, 원대한 목표 성취를 위해 전략적인 방법으로 기업을 발전시키는 변화 말이다. 마치 특정 브랜드가 고객에게 약속하듯이, 탁월한 경영진 또한 '조만간 혁신이 일어날 것이며 그것이 기업의 수익을 보장할 것'이라고 예측한다. 그러나 새로운 비전을 제시하는 데 그쳐선 곤란하다. 리더는 타인도 이를 이해하는지 살펴야 하는 것이다. 타인이 그러한 혁신에 발자취를 같이하고, 나아가 이를 창의적·효과적·열정적으로 활용할 수 있도록 해야 한다. 이때 혁신이란 개념은 이해하기 쉬워야 한다. 그러나 후일 진화에 적응 가능하도록 시간이 흘러도 그 가치를 인정받아야 한다는 점에서는 어느 정도 '모호한' 구석도 남아 있어야 한다.

진정한 리더는 혁신의 필요성과 이에 따른 자신의 역할 변화

를 포용해야 한다. 다음은 변화를 포용하기 위한 리더의 역할
을 열거한 것이다.

- 기업의 입지를 강화하기 위해서는 전통도 버릴 각오가 되
  어 있어야 한다.
- 회사의 전통과 급변하는 시장의 형세 간의 균형을 맞출 수
  있는 방책을 모색한다.
- 실험정신으로 아이디어 측면에서의 리스크를 감수한다.
- 다양성을 포용하고 새로운 인력 및 고객층에 어필할 수 있
  는 요령을 찾는다.
- 기업이 선점할 수 있는 틈새를 찾기 위해 시장의 형국을
  늘 살핀다.

24시간 풀가동되는 요즘의 글로벌 경제에서 리더는 분명하
면서도 색다른 방법으로 직원들과 소통할 필요가 있다. 온라인
상이든, 오프라인상이든 말이다. 앞에서 언급한 세이지 퍼블리
케이션스의 심쿠와 마찬가지로, CEO나 팀장이라면 멀리서 일
하는 직원들도 직접 만나야 한다. 크든 작든, 그룹을 조직하여
회의를 주최하고, 아이디어에 귀를 기울이며 발전 방향과 현안
을 모색하라는 이야기다. '건의함'만으로는 부족하다. 리더라면

모름지기 원활한 커뮤니케이션을 위해 시간을 아끼지 않아야 한다.

직장의 성공률을 최대한 끌어올리려면 리더는 직원들의 형편에 밝아야 한다. 기존의 상근 리더와 달리, '원격 리더'는 회사가 순조롭게 돌아가고 있는지 일일이 확인할 기회가 그리 많지 않다. 직원들에겐 업무를 수행할 적절한 환경과 수단이 필요하다. 이를테면, 좀 더 긴밀한 연락을 위해 최첨단 장비를 도입하는 것이다. 다양한 그룹의 직원들을 거느린 리더라면 직원들과 중간 관리자(온·오프라인에 관계없이)가 서로 간에 정해진 목표와 전략, 기대치 및 업무를 분명히 이해하고 있는지 잘 확인해야 한다.

성공한 리더는 인간적인 면모를 드러내며 진심으로 직원과 소통한다. 사실 리더십의 본질이란 인간관계의 문제라고 할 수 있다. 원만한 인간관계가 긍정적인 직장문화를 만들고, 결과적으로 기업의 생산성을 향상시키는 원동력이 되니 말이다. 따라서 진정한 리더는 직원들 개개인의 형편에도 관심을 가진다.

그 외에 오늘날의 날로 진화하는 직장환경에서 성공하기 위한 리더십의 특징을 정리하면 다음과 같다.

- 시간대를 넘나드는, 목적이 다양한 회의나 일정에 익숙해

져야 한다. 오늘은 팀의 최근 실적을 자축하는 거나한 파티를 벌였더라도, 내일은 시간대가 다른 지역에 사는 까다로운 투자자들을 상대해 내는 식으로 말이다.

- 심쿠의 말마따나 "달력에 부끄럽지 않도록" 무엇을 언제 하겠다고 선언했으면 이를 반드시 지켜야 한다. 앞선 회의가 생각보다 길어졌다는 이유로 직원회의를 막판에 취소하는 CEO가 꽤 많다. 이 같은 무신경한 태도는 직원들의 신뢰를 크게 떨어뜨린다. 자신들이 덜 중요한 취급을 받는 기분이 들기 때문이다.

- 주요 메시지는 비서나 연설문 작성자에게 떠넘기지 말고 손수 작성해야 한다. 일단 메시지를 완성해 놓고 전문가나 비서에게 초고의 마무리를 맡기는 것이 좋다. 인사부 임원이라면 커뮤니케이션의 '달인'이 되어야 한다. 업무현장 내·외에서 직원들과 호흡을 맞추는 법을 알아야 하는 것이다. 그러나 대부분은 회사 밖에서 이루어지는 소통이 어떻게 달라야 하는지조차 잘 모른다. 첨단 통신수단을 이용하는 경우는 더욱 그렇다. 더군다나 IT 기업의 간부라면 멀리 떨어진 직원들과의 '원격 커뮤니케이션'이 활발히 이루어져야 할 것이다.

- 첨단기술에 밝아야 한다. 오늘날 리더는 남녀노소를 막론

하고 트위터나 페이스북 같은 소셜 미디어를 비롯하여, 문자와 스카이프 및 기타 화상회의 기술 등의 커뮤니케이션 수단을 활용할 줄 알아야 한다. 직원과 시장, 지역사회 및 주요 고객층과 소통하려면 그래야 마땅하다. 특히 직속 간부가 선호하는 주요 소통수단이 무엇인지는 확실히 알아야 한다.

- 사내·외 직원들 모두가 이러한 첨단 통신수단을 활용할 수 있도록 교육을 실시하는 것이 좋다.
- 커뮤니케이션에 대한 기대치 및 기준은 애당초 분명히 정해 두어야 한다. 원활한 소통에 만전을 기하자. 본사 및 리더와의 커뮤니케이션 방식과 빈도 및 피드백을 주는 방법 등도 분명히 통일시켜야 한다.

해병대 리더십의 6가지 원칙

할리우드에서 보여주는 해병대의 리더십은 그 핵심 원칙을 간과하고 있다. 그 원칙이란 오늘날의 치열한 글로벌 시장에서 리더들이 따라 해야 할 자명한 이치이자 덕목이다. 비즈니스 리더는 해병대 리더와 마찬가지로 적응력을 발휘하고 리스크를 감수하며, 비용을 최소화하여 작전을 수행해야 한다. 또한 과감히 소신을 밝히며, 직원들을 훈련시키고 의욕을 심어 주어야 한다. 펜실베이니아 대학의 저명한 와튼 스쿨이 '해병대 리더십'을 경영학 커리큘럼에 포함시킨 까닭도 바로 그 때문이다. 와튼 스쿨의 MBA 학생들은 버지니아의 해병대 기지를 방문하여, 특별 '신병교육대'를 몸소 체험한다. 이 프로그램에 적극 참여함으로써 현장의 리더에게 생생한 교육을 받는 것이다.

나도 약 2년간 해병대와 거의 매일 한솥밥을 먹은 경험이 있다. 다음은 실적이 높은 조직과 리더가 본받아야 할 해병대식 리더십 신조 6가지를 나열한 것이다.

1. 항상 성과를 내야 한다. '할 수 있다'는 지치지 않는 자신감을 보이자. 목표를 초과 달성하려는 열정도 필요하다.

2. '리드를 하든가, 리더를 따를 게 아니면 물러서라'와 '절대 포기해서는 안 된다'는 좌우명대로 살자.

3. 이해관계에 연연하지 않는 서비스 정신을 발휘하자. 존중과 규율 및 겸손을 내세우는 전통을 이어가라. 단 한 명의 낙오자도 없어야 한다.

4. 항상 '준비된 자세'를 가져야 한다. 그러려면 온갖 장애물을 극복할 수 있는 탁월한 적응력과 인내심 및 융통성이 필요하다. 남들보다 적은 자원으로도 더 많은 것을 성취하

겠다는 정신이 필요하다.

5. 일관성 있고, 투명하며, 조직의 숭고한 목표를 향해 전진
   하는 리더십을 발휘해야 한다. 리더라면 '개혁가로서' 군대
   에 귀감이 되는 모범을 보여야 한다.

6. '최고의 친구가 돼라'는 좌우명에 걸맞은 삶을 살도록 하
   자. 자신의 단점은 솔직히 인정하며, 일은 항상 바르게 처
   리해야 한다.

해병대 연합 재단의 CEO이자, 워싱턴 DC 본부에서 해병대
참모장을 지낸 레슬리 M. 팜소장은 해병대 리더십 신조를 솔선
수범하여 수년간 주변 사람들에게 귀감이 된 전형적 리더의 모
델이다. 그는 일찍이 베트남전과 '사막의 폭풍·사막의 방패 작
전'(1990년 걸프전 당시 작전명)에 참전하여 수많은 공을 세운 백전
노장이다. 그럼에도 그는 겸손하고, 온유하며, 사려 깊은 데다
침착하기까지 했다. 오늘날 그의 고매한 가치관과 인격은 50년
전, 그가 캘리포니아 메리스빌 지역의 고등학생이었을 때와 다
를 바가 없다. 나는 레슬리와 소싯적부터 친한 사이였다. 그는
우리 집에서 한 블록 떨어진 곳에 살았다. 레슬리는 고교 시절
에 학생회장으로 선출되는가 하면 나무랄 데 없는 스포츠맨이
기도 했다. 오리건 대학에 진학해서는 풋볼 대표선수로 활약하

기도 했을 정도다. 예나 지금이나 그는 그 어떤 상황에서도 냉정을 잃지 않았고 소속감도 남달랐다. 대학 시절, 그는 매년 여름만 되면 해병대가 운영하는 몇 주간의 '소대장 교육'에 참가하곤 했다. 오늘날 그의 자신감은 이때부터 생긴 것이리라. 그렇다고 그가 기고만장한 적은 한 번도 없었다. 그의 지인들은 "그라면 무슨 일이든 해 낼 것"이라고 하나같이 입을 모으곤 했다.

오늘날의 기업은 규모를 막론하고 미군, 특히 해병대를 본받아 리더십 파이프라인을 구축할 필요가 있다. 물론 고함을 질러대는 훈련조교나 장거리 행군, 전술 병기 실습 따위는 비즈니스 리더 양성과는 무관하겠지만, 군대의 전략적 사고와 행동학습, 복잡한 작전 수행 등은 유용한 기술들이다. 군대에서 하급 장교들은 주로 전략적으로 생각하고, 복잡한 작전을 계획·수행하는 법을 배운다. 또한 사병을 감독하고 그들에게 의욕을 심어 준다. 더불어 고급 군 장비를 관리하며, 극도의 스트레스에도 냉정을 잃지 않는 법도 익힌다. 선임 리더가 실시하는 교정, 카운슬링과 함께 행동학습도 훈련의 중요한 요소 중 하나이다. 조직의 경쟁력과 주요 경쟁 분야를 파악하고, 목표를 신속하게 달성하도록 훈련된 직원들을 두길 원하는가? 그렇다면 해병대 리더십이 그 훌륭한 본보기가 될 것이다.

용기와 신념이 없으면
직장에서 살아남기 힘들다

리더에게는 자신의 이상을 실현하기 위해 소신껏 밀고 나갈 용기가 있어야 한다. 그래야 회사와 직원들 및 제작상품을 지켜 나갈 수 있기 때문이다. 규율과 신념은 해병대의 전통 덕목이자 오늘날 직장에서 성공적인 리더십을 발휘하기 위한 조건이기도 하다. 기업을 예측 불가능한 미지의 세계로 이끄는 것은 마치 병력을 전장에 투입시키는 것과 같다. 기백이 없으면 불가능한 일이다. 더 좋은 브랜드나 신제품을 출시해 시장에서 경쟁 업체와 치열한 경쟁을 벌이는 것도 한바탕 전쟁을 치루는 것과 다를 바 없다.

미 해병대 출신인 앤터니 C. "토니" 지니는 불의를 보면 참지 못하는 리더였다. 소신을 밝힐 용기와 대담성의 중요성을 일찌감치 깨달았던 것이다. 그는 국방부 소속 중앙사령부 본부장, 중동 평화협상 미 대표, 인도적 대화를 위한 앙리 뒤낭 센터(인도네시아와 필리핀 및 수단 평화협상)의 특사 및 수십 억 달러 규모의 BAE 시스템스사의 이사장을 지냈다. 지니는 용기와 대담성이 리더의 주요 자질임을 입증한 산증인이다. 그는 탁상공론가가 아닌, 진솔하면서도 소신 있는 위인이었다. 미 행정부가 전후 계획post-war planning을 내놓지 못한 데다, 이라크 사회를 잘 모르는 점을 가리켜 조지 W. 부시 대통령을 신랄하게 비판한 적도 있었다. 그는 예리한 리더십 전문가이다. 기존의 진부한 리더십 정의는 수정되어야 한다는 것이 그의 기본 입장이다.

이처럼, 리더는 비즈니스 및 사회문제에서 소신을 과감히 밝힐 줄 알아야 한다. 물론 늘 이것저것 따지며 비판을 일삼으라는 이야기는 아니다. 부당한 점을 지적하고 싶다면 심사숙고하여 적절한 시간과 장소를 정해서 해야 할 것이다. 또한 리더는 남들의 비판이나 부하 직원들의 배신에도 항상 대비하는 마음의 준비가 필요하다. 설령 독설꾼을 맞닥뜨리더라도 자신의 이상이 흔들려서는 안 되며, 직원들과 업무를 대하는 태도도 한결같아야 한다.

보스에서 리더로의 변신을 꿈꾸는가?

앞서 소개한 리더들의 행동을 돌이켜 보자. 진정한 리더십은 변화를 일으키고, 또 일으켜 왔다는 점을 알 수 있다. 진정한 리더십이 항상 빠른 지름길은 아니다. 하지만 가장 오랫동안 확실한 성공을 보장하는 것은 그것뿐이다.

'보스'도 '진정한 리더'가 될 수 있다. 리더십을 제대로 발휘하는 비결은 누구라도 터득할 수 있으니 말이다. 보스가 리더로 변신하기 위해서는 태도부터 바꿔야 한다. 독불장군 같은 보스에서 모두의 의견을 감싸 안는 리더가 돼야 하는 것이다.

보스에서 리더로의 변신을 꿈꾸는가? 그렇다면 다음의 가치관과 습관을 마음에 새기고 몸소 실천하자.

- 직장 내 '공포 분위기'를 없애자.
- 실적과 사기를 깎아내리는 '부정적 태도'에서 벗어나자.
- 규율을 세우고 직원들과의 공감대를 조성하여 기업문화를 강화하라.
- 직원들을 믿고 그들의 역량을 키우자.
- 업무를 분명히 전달하라.
- 직원들이 도움을 필요로 할 때 항상 곁에 있어 주는 것이 좋다.
- 직원들의 말을 경청하자.
- 매사에 성실한 태도로 임하자.

당신도 직원들의 원활한 커뮤니케이션으로 훌륭한 리더가 될 수 있다. 다음은 리더십 보강에 도움이 되는 행동수칙을 열거한 것이다.

- 형편에 따라 일의 방향을 재빨리 전환하는 법을 배운다.
- 직원들을 상대할 때는 언행이 일치해야 한다. 뭔가를 하겠다고 약속했으면 그대로 지킨다.
- 전하려는 메시지의 초고는 남에게 맡기지 않는다.
- 직원들도 '커뮤니케이션의 달인'이 되도록 코치한다.
- 최신 테크놀로지에 밝아야 한다. 망설이지 말고 이를 적극 활용하자. 페이스북이나 트위터 같은 소셜 네트워크 말이다.
- 직원과 간부들에게 필요한 교육기회와 수단을 제공한다.
- 직원들과 간부 및 경영자 간의 원활한 소통을 위한 구체적인 방침을 정한다.

- '색'을 밝히거나, 인종을 차별하거나, 직원들을 괴롭히거나, 감정을 추스르지 못하는 이기적인 리더는 직장에서 설 자리가 없다. 직원들의 사기를 떨어뜨릴 뿐 아니라 기업의 성공에도 걸림돌이 되기 때문이다.

- 진정한 리더는 직원들의 개인적인 형편에도 주의를 기울일 줄 안다. 직원들도 함께 성공할 수 있는 근로문화나 환경을 조성하라.

- 밀레니엄 세대는 직장에서 독특하고 눈에 띄는 역량을 발휘할 것이다. 리더라면 이를 적극 활용하는 법을 터득해야 한다.

- 21세기 글로벌 시장에서 살아남으려면 리더십 전략도 달라져야 한다. 리더는 얼굴을 맞대는 전통적 방식, 소셜 네트워크와 같은 최신 기술, 모든 수단을 동원하여 직원들과 소통해야 한다.

- 비즈니스 리더라면 미 해병대의 행동강령을 모방해 보자.

- 리더는 더 큰 성과를 내기 위해 기업을 예측 불가능한 미지의 세계로 이끌어야 한다.

- '보스'도 '리더'가 될 수 있다. 독재가 아닌 합의를 유도하겠다는 의지력을 발휘하면 된다.

리더는
효과적인 소통방법을 알고 있다

효과적인 소통 능력은 훌륭한 리더의 자질 중 하나다. 그러나 오늘날과 같은 디지털 시대에 진실되고 솔직한 소통은 점차 역사의 뒤안길로 사라지고 있다. 대화를 저해하는 최첨단 소통 수단 및 미디어 때문에 말이다. 인간적 소통의 종말이 앞당겨지고 있다고 해도 과언이 아니다. 직접 글을 쓰거나 전화를 걸고, 직원과의 면담 시간을 마련하는 CEO가 얼마나 있을까? 설령 직원들과 직접 만나 얘기를 한들, 이를 경청하는 CEO가 과연 몇이나 될까? '별로 없다'가 답이 아닐까 싶다.

날로 디지털화되어 가는 이 글로벌 시대에 직접 얼굴을 맞대고 소통하는 게 좀 거추장스럽게 느껴질 수도 있다. 그러나 직원들과의 면담 및 직접 원고를 작성하여 발표하는 연설이야말로 진정한 리더의 커뮤니케이션 스킬을 가늠하는 잣대이다.

오늘날은 바야흐로 'e세대' 커뮤니케이션의 장이 되었다. 소프트웨어 템플릿과 문자 메시지 기술, 대필 작가, PR 및 다운사이징 전문가(대형 컴퓨터에 의한 중앙 집중식 전산 시스템을 분산식 전산 시스템으로 바꾸는 사람) 등이 시간 절약이라는 미명하에 활개치고 있다. 경영가들조차 막대한 수익이 걸린 거래를 문자 한두 번 주고받는 것으로 간단히 끝낸다. 나머지 귀찮은 뒤처리는 변호사와 회계사에게 맡기고 말이다.

그래도 명색이 CEO라면 가끔 회사가 어떻게 돌아가는지 정도는 고위 간부와 이야기를 나눌 것이다. 하지만 그렇다고 진심으로 관심을 갖고 현안에 집중하고 있는 걸까? 더군다나 발표문을 직접 작성하는 CEO는 찾아보기 어려울 정도이다. 결국, '보스'는 많지만 '리더'는 거의 없다는 이야기다.

대역을 쓰거나 전부 디지털화된 커뮤니케이션은 바람직하지 않다. 직접적인 대화든, 대필된 연설문이든, 트위터, 블로그, 화상회의 등의 최신식 소통이든 간에 말이다. 요즘은 경영진 중 상당수가 블로그와 트위터를 운영한다. 하지만 알고 보면 블로그나 홈페이지 인사말, 프레젠테이션, 주주에게 보내는 서신이나 메시지를 직접 쓰는 이는 거의 없다. 사실, 오늘날의 경영자들은 공식서류는 고사하고 간략한 메모 하나 작성하는 데도 사내·외 PR 팀이나 법무 팀, 비서 혹은 컨설턴트를 지나치게 불러 댄다. 영국의 『파이낸셜 타임스Financial Times』지가 750명의 경영 블로거를 대상으로 실시한 국제 여론조사에 따르면, 10명 중 고작 두 명 정도만 개인 블로그에 직접 글을 쓴다고 한다.

미시간 대학의 로스 경영대학원 교수이자 저술가 겸 GE의 리더십 계발센터(크로턴빌) 대표를 지낸 노엘 M. 티치도 커뮤니케이션의 단절이라는 암울한 현실을 이야기한다. "CEO 중 90%가 남에게 글을 맡기고 있죠." "너무 바쁘다"거나 "아니, 내가 그것까지 해야 하나?"라는 핑계를 대기 때문이란다. 결국 오늘날의 기업들에서는 '커뮤니케이션'이라는 주요 기술이 퇴화되고 있는 것이다.

물론 최고 경영자라고 죄다 '대화의 최소화'라는 나름대로의 철학을 고집하는 것은 아니다. 몇몇은 어떻게든 대화를 늘려보고자 시간과 노력을 아끼지 않는다. 세이지 퍼블리케이션스의 블래즈 심쿠는 장소를 불문하고 직원들과 정기적으로 소통하는 CEO이다. 그는 자신이 직원들에게서 바라는 덕목을 직접 실천하는 대표적인 리더이다. 또한 가정의 소중함을 알기에 주말은 어김없이 가족과 함께 보낸다. 이것이 바로 그가 진정한 리더임을 보여주는 대목이다. '직장과 가정생활의 균형'을 말뿐 아니라 행동으로 실천하는 리더를 원치 않는 직원이 있을까?

이번에는 진솔한 대화가 부족한 공공 부문을 살펴볼까 한다. 2011년 4월 27일, 미국 연준위의 벤 버냉키 의장은 처음으로 기자회견을 열었다. 역대 연준위 의장으로서는 '최초로' 가진 기자회견이었다. 그렇다고 별다른 얘기를 한 것도 아니었다. 하지만 공공 분야에서 커뮤니케이션을 시도했다는 점에서는 매우 이례적인 사건이라고 볼 수 있다.

경영자가 커뮤니케이션의 가치를 중요시하든, 아니든 간에 상관없이, 커뮤니케이션은 굉장히 커다란 결실을 가져다주는 게 사실이다. 그러므로 평소에 직원들과 꾸준히 소통한다면 대립을 비롯한 그 어떤 위기상황도 좀 더 긍정적으로 해결할 수 있을 것이다.

타인이 용감하고 진실되도록 격려하는 따뜻한 인간의 얼굴을 전기통신이 대신할 수는 없다.

찰스 디킨스

관계를 맺는 기술

직원들은 물론이거니와, 경쟁 상태에 있는 타 기업들에 대해서도 알고자 하는 노력이 필요하다. 그렇게 하면 일관성 있는 예측이 가능할 것이다.

세인트 조셉 머시 병원(미시간 앤아버)의 CEO였던 로버트 래버티의 예를 살펴보자. 그는 늘 겸손했으며 모질거나 거만한 구석이 없었다. 자신감은 충만하나 건방지지 않았고, 남들과 소통하는 요령도 잘 알고 있었다. 커뮤니케이션의 중요성을 일찌감치 깨달았기 때문이다. 내가 그와 같은 직장에 다닐 때의 일이다. 어느 날 오후, 의료진과의 회의를 앞두고 그를 만났다. 중요한 기회에 대한 전략을 논의하는 회의였는데, 래버티는 의료진이 자신의 안건에 동의하기를 내심 바라고 있었다. 하지만 의료진은 그 안건에 뒤따를 변화의 속도에 겁을 먹고 있었다. 빠른 시일 내 건물과 시설물들을 신축하고 최신 프로그램을 가동시키는 게 부담스러웠던 것이다. 의료진을 설득할 게 걱정되지 않냐고 그에게 물었다. 그러자 그는 서슴지 않고 "설득할 수 없다면 이 자리에 있을 자격이 없겠죠"라고 대꾸하는 것이었다.

래버티도 열띤 논쟁이 벌어지리란 것은 이미 알고 있었다. 하지만 그는 의료진과 대화하는 법을 이미 꿰고 있었다. 승산이 있다는 점도 감지했다. 그는 역시 커뮤니케이션의 달인이었다. 회의를 대차게 주도하며 의료진의 마음을 사로잡았던 것이다. 결국 임직원들, 병원 및 지역사회는 래버티의 병원 확장 계획안의 성공으로 큰 이득을 보게 되었다. 래버티는 경영서에서 늘 말하는 핵심과도 같은 리더십 기술을 선보인 것이다. 비전을 품고 이를 구현해 내는 그의 능력은 타의 추종을 불허했다. 그는 기업의 미래를 읽을 줄 알았다. 뿐만 아니라 미래에 성공을 거둘 계획을 세우는 법도 알았다. 자신의 비전에 타인이 동참하도록 설득하는 능력도 있었다. 비전을 실행해 줄 이들과 마음을 나누지 않으면 어떤 결실도 맺을 수 없음을 깨달았기 때문이다.

그는 W. 에드워즈 데밍과 도요타 사키치 같은 거물급 경영인들의 노하우도 알고 있었다. 말 그대로 '돌아다니면서' 하는 관리법이었다. 래버티가 나에게 병동 순회를 같이 하자고 했던 때가 문득 떠오른다. 그는 내게 환자 방문의 중요성을 처음 일깨워준 CEO였다. 그는 정말이지 밤낮으로 병동을 돌아다녔다. 그리하여 직원들과의 관계를 개선하고, 의료시설에서 일하는 그들의 고충을 더 잘 이해하게 되었다고 한다. 그는 직원들의 불만뿐 아니라 환자들의 불만도 잘 이해하고 있었다. 이를 해소할 방법도 곧잘 찾아냈다. 노스웨스턴 대학의 필립 코틀러 교수라면 그를 "의료 업계의 베스트 마케터"라고 극찬했을 법도 하다. 그가 맡은 직책에서 필요한 기술과 지식을 겸비했으니 말이다.

앤아버에서의 첫해에 만난 미시간 대학의 앨런 스미스 교무처 부처장도 뛰어난 리더이자 커뮤니케이션의 '능력자'였다. 여태껏 함께 일했던 사람들 중, 그에게서 가장 많이 배웠던 것 같다. 그는 늘 진실하고 겸손했다. 게다가 남을 돕는 데 시간을 아끼지 않았고, 젠체하지도 않았다. 첫 만남에서부터 나는 그의 진면목을 알아차렸다.

박사학위 공부를 위해 아내 조앤과 미시간 대학에 막 도착했을 때의 일이다. 하루는 행정처 앞의 레젠트 플라자를 아내와 함께 걷고 있었다. 마침 스미스와 로벤 플레밍 총장이 행정처 건물에서 나오는 게 보였다. 그땐 그들이 누군지 몰랐을 때였다. 그들은 우리 부부가 길을 잃었다고 생각했던지 씩 웃어 보이는 것이었다. 그러더니 다가와서 소개를 하며 혹시 도울 일이 없느냐고 물었다. 나는 바로 캘리포니아 클레어몬트의 포모나 대학에서 막 도착한 박사과정 학생이라고 신원을 밝혔다. 그러자 스미스는 대뜸 자신이 도울 일이 있을지 모르니 사무실에서 만나자는 것이었다. 우리가 초면이라는 사실은 문제 되지 않았다. 스미스와 같은 진정한 리더는 주저 없이 남을 위해 시간을 낼 줄 안다. 그 첫 만남 이후 나는 스미스의 연구조교로 이듬해를 보냈다.

나는 탁월한 리더가 얼마나 깊은 인내심을 갖는지를 그에게서 몸소 배웠다. 스미스는 눈코 뜰 새 없이 바빠도 상담 요청을 거절하는 법이 없었다. 대화 상대에겐 그야말로 '전적인 관심'

을 쏟아 부었다. 어떤 상황에서든 화를 내거나, 앙심을 품는 일이 없었다. 짜증을 내지도 않았다. 항상 웃는 얼굴로 정중하고 친절하게 직원들을 대했다. 스미스는 따뜻한 마음씨와 지성미, 그리고 상대에 대한 진실한 관심으로 사람들의 마음을 금세 사로잡곤 했다.

스미스와 플레밍, 래버티와 같은 진정한 리더는 '현장의 생생한 커뮤니케이션'을 리더십의 필수 조건으로 삼는다. 이들은 아이디어 및 메시지를 메일이나 문자로 보내거나 트위터를 사용하지 않는다. 제3자가 의견을 대신 전달하는 경우도 없다. 물론 e-커뮤니케이션도 필요할 때가 있기는 하다. 하지만 상대방을 직접 마주 보며 아이디어나 소견을 드러내는 것보다 효과적이지는 않을 것이다. 바디랭귀지를 섞어 가며 진솔하게 털어놓는 양방향의 대화 말이다. 좀처럼 감정이 실리지 않는 디지털 통신 수단은 상대적으로 비효율적인 경우가 많다.

다우 케미컬에서 근무했던 제리 벤슨의 말을 들어 보자. 다우의 렐런드 도언 사장은 복도에서 직원들을 만나면 '어떻게, 일은 잘되고 있나?'라고 묻곤 했다고 한다. 대수롭지 않은 질문인 것 같아도 이를 들은 직원들의 태도는 진지했다. 과거와 미래의 목표 안에서 자신들의 현 위치가 어디인지를 뒤돌아보는 계기가 되었다는 것이다. 질문을 던진 리더 자신에게도 회사와 직원들에 대한 헌신을 체크해 보는 기회가 되었고 말이다. 같은 질문을 당신 스스로에게 자문해 보는 것은 어떨까? 당신이 리더라면 직원들에게 물어보는 것도 물론 필요하다.

메시지를 직접 작성하라

위대한 리더는 아이디어를 직접 글로 쓴다. 물론 초고를 다듬기 위해 비서나 PR 전문가의 도움을 받긴 하지만, 아이디어나 지침 및 방향 등은 본인이 짜낸 것이라야 한다. 간단히 말해, 자신의 메시지는 본인이 직접 써야 한다는 것이다. 줌월트 제독이 〈Z그램〉의 최종 원고를 탄생시키진 않았겠지만, 자신의 수많은 아이디어 및 노하우를 거기에 고스란히 담았으리라는 점은 분명하다.

리더가 자신의 메시지를 직접 작성할 때 어떤 이점이 있는지 살펴보자.

● CEO는 기업의 전략적 방향을 마음속에 공식화·도식화하는 존재다. 소통을 위해 이를 글로 정리해 둔다면 기업 목표를 더욱 분명히 할 수 있다. 그러면 혼동이 최소화되고 재업무의 필요성도 줄어들게 된다. 또한 직원들의 신뢰감과 팔로워십을 자극하여 업무 성과를 극대화할 수 있다.

● 생각을 글로 정리하면 간단명료하고 설득력 있게 자신의

뜻을 타인에게 전달할 수 있다. 미 합참의장과 국무장관을 지낸 콜린 파월 장군은 "성공하는 리더는 임무를 규정하고 이를 부하에게 제대로 전달할 줄 안다"[1]고 밝힌 바 있다.

● 리더는 훌륭한 스승이기도 하다. 남을 가르치려면 일단 아이디어를 글로 적고 난 뒤 이를 함께 나누는 것이 필요하다. 그 후 상대에게서 피드백을 받고, 함께 대안을 논의하는 것이다. 생각을 적어 두면 비전을 좀 더 명확히 하는 데 도움이 된다. 뿐만 아니라 상대에게 리더로서의 자신감을 내비칠 수 있다. 메시지의 초고를 직접 작성하는 CEO는 주주들의 마음을 더 쉽게 사로잡는다. 그 어떤 대필 작가라도 그 효과를 대신할 수는 없을 것이다.

진정한 리더는 경청하는 법을 안다

비즈니스 세계에는 예나 지금이나 영웅들이 속출하고 있다. 그들의 가치관이나 비전은 곧 기업 목표의 토대가 된다. 이 영웅들은 직원들을 탁월한 리더로 키우고, 기업을 승승장구하게 이끈다. 뿐만 아니라 자신의 가치관을 평소에 몸소 실천하고 타인의 말을 경청할 줄 안다. 직원 및 고객들과 시장의 반응에 늘

---

1 콜린 파월, 『스탠포드 리포트*Stanford Report*』, 2005년 11월 30일자, http://news.stanford.edu/news/2005/november30/powell-113005.html.

촉각을 곤두세우기도 한다.

적어도 한 번쯤은 연락하기 어려운 보스에 대해서 들어 본 적이 있을 것이다. 혹은 그런 보스 아래서 일한 경험이 있을 것이다. 그러나 이 책에서 예로 든 리더들은 하나같이 직원들과 잘 어울리고 그로부터 교훈을 얻는 이들이었다. '보스'는 주변과 철저히 격리된 채 '상아탑'에 자신을 가두는 경향이 있다. 하지만 '리더'는 다르다. 커뮤니케이션은 회사와 직원들, 지역 공동체를 잇는 주요 수단이다. 커뮤니케이션이 성공을 부르는 것이다. 따라서 리더라면 커뮤니케이션을 사내 관리 운용규정에 반드시 넣어야 한다.

사내 직원들과의 네트워킹은 많은 이점을 가져다준다. 꼭 직접적으로 같이 일하는 라인의 사람들이 아니라도 말이다. 장기적인 도움 및 소중한 피드백을 서로 주고받는 관계를 맺어 두는 것이 좋다. 당신이 CEO나 경영진이라면 직원들 및 고객과의 소통을 위해 응당 시간을 내야 한다. 직장 밖에서도 타인에게 관심을 갖고 그들의 말을 경청하는 일은 무척 중요하다. 일과 여가가 겹쳐질 때도 있기 때문이다.

리더라고 꼭 세계 방방곡곡을 바쁘게 돌아다녀야 하는 것은 아니다. 하지만 남의 말에 귀 기울이고 자신에의 접근성을 활짝 열어 두는 것은 선택이 아닌 리더로서의 기본이다. 여러 병원에서 행정직에 종사했을 때 나는 의료진과 수간호사들의 회진에 늘 동참하곤 했다. 그게 의무여서는 아니었다. 그저 의료진 및 간호사들과 대화를 나누고, 병원의 형편을 밤낮으로 파악하고 싶어서였다. 병원에서 일하는 모두와 두루 친하게 지내고 싶었던 것이다. 그들의 고충과 관심사, 가족 사항 등을 알아가면서 말이다. 병원이 24시간 가동되는 탓에 직원들과 의료진은 맡은 교대시간에 따라 서로 다른 고충이 있었다.

이런 소통을 위한 노력 덕분에 나는 업무를 더 쉽게 파악할 수 있었다. 내가 야간 근무 조에 편성되었을 때 골치 아픈 사건이 벌어진 적이 있었다. 다행히도 나는 무슨 일이 벌어졌고, 누가 연관되어 있으며, 누구를 호출해서 일을 처리해야 할지를 잘 알고 있었다. 밤낮으로 병원을 돌아다닌 탓에 이미 유명인사였는 데다 시설 구석구석에 대해 모르는 게 없었기 때문이다. 이미 나는 병원의 대표 격으로 높은 신임을 얻고 있었다. 이처럼 한 업계에서 대표 격으로 인정받고 싶다면 그 업계에 대해 줄줄이 꿰고 있어야 한다. 밤낮으로 어떻게 돌아가는지 알아야한다는 뜻이다.

비슷한 맥락에서 오하이오 데이턴의 마이애미 밸리 병원에 근무하는 행정팀 직원들도 한 달에 한 번씩은 '현장에서' 직접 환자들과 의료진 및 자원봉사자를 돕도록 의무화되어 있다. 이런 적극적인 참여 덕택에 행정팀은 병동의 현황에 대해서 훤히 파악할 수 있다고 한다.

조력자와 돈독한 관계를 유지하라

아무리 세계적인 리더라도 조력자가 없다면 진정으로 성공했다고 볼 수 없다. 인디애나 대학 병원에서 공보·마케팅 부장을 지낼 때의 일이다. 병원 내 원활한 커뮤니케이션과 좀 더 열린 협력을 이끌어내려고 대인관계 역학을 활용한 적이 있다. 당시 병원은 전형적인 의과대 캠퍼스의 모습을 하고 있었다. 그 안에서 '우리 대 그들'이라는 미묘한 경계선을 긋고 그럭저럭 참으며 지내는 것이 하나의 관용적인 운영방침이었다. 즉, 의료진과 병원 직원들이 한 팀, 그리고 경영진과 이사회가 한 팀으로 나뉘어 있었던 것이다. 서로 각자의 본분에는 충실했으나 같이 일할 기회는 거의 없었다. 나는 리더의 한 사람으로서 다른 리더들보다 스스로 더 많은 기회를 찾아 사람들의 말에 귀를 기울이기로 마음먹었다. 내 노력은 곧 결실을 맺었다. 약 300명의 의료진과 직원들이 병원의 마케팅과 브랜딩 및 제휴협력 프로그램에 정기적으로 참여하여 큰 성공을 거둔 것이다. 그들을 설득하여 다양한 식견을 나누지 않았다면 그런 결과가 나올 수 있었을까.

경청한다는 것은 현상 및 직장과 가정의 변화에 대한 첨예한 의식을 필요로 한다. 또한 리더에겐 그러한 변화에 뒤따르는 직장과 개인들의 요구를 충족시키겠다는 의지가 있어야 한다.

캘리포니아 주 시미 벨리의 로널드 레이건 도서관장인 듀크 블랙우드의 예를 살펴보자. 그는 뛰어난 커뮤니케이션 스킬을 지닌, 접근성이 큰 인물이다. 그는 종종 획기적인 변화를 일으키곤 했다. 기발한 아이디어로 기금을 조성하거나 창의적인 프로그램을 계획하는 것 등이 그것이다. 돈독한 유대관계 조성에도 비상한 재주가 있었다. 이를테면 비즈니스계를 학술계와, 국내 리더들을 세계 정상급 리더들과, 학생들을 교사들과 연결시켜 주는 식이었다. 뿐만 아니라 그가 내건 '레이건 팀' 전략은 직원들이 팀워크를 발휘할 수 있는 환경을 마련해 주었다. 그 결과, 레이건 대통령 서거 이후 도서관 열람 인원이 두 배나 늘었다. 그는 효과적인 교육 프로그램을 계발하여 표창을 받기도 했다. 결과적으로, 도서관의 인지도는 크게 치솟았다. 오늘날 로널드 레이건 도서관은 미 대통령의 이름을 딴 도서관 13군데 중 가장 많은 시민들이 찾는 장소가 되었다.

진솔한 커뮤니케이션을 행하라

작고한 프레드 마이어는 미국의 슈퍼마켓 체인인 마이어사의 CEO였다. 마이어사는 그의 부친이 미시간 주에 세운 조그마한 식료잡화점인 그린빌로부터 출발했다. 마이어는 직원들뿐 아니라 고객들의 이름도 죄다 외우고 있었다. 항상 그들을 반갑게 맞으며 인사를 나누는 CEO로 명성이 자자했다. 사적인 대화가 가져다주는 소통의 힘을 깨달은 것이다. 슈퍼마켓 체인의 규모가 증가해도, 마이어는 퇴직 때까지 그런 자잘한 인맥을 소중히 했다. 은퇴 후에도 매장을 찾아 고객과 직원들에게 인사를 건네곤 했다. 심지어 주차장에서 쇼핑 카트를 수거하기까지 했다고 한다.

오늘날에도 체인은 마이어가에 의해 운영되고 있다. 미시간과 오하이오, 인디애나, 일리노이 및 켄터키 주에 걸쳐 약 190개의 매장이 분포되어 있다. "고객들, 직원들과 지역사회에 관심을 가져라… 그러면 그들도 당신을 마치 가족처럼 돌봐줄 것이다"라는 것이 본사가 지켜 온 좌우명이다.

데이비드 L. 워렌 박사는 의원이자 창의적인 사상가이며, 웅변가이기도 하다. 또한 대학생들을 위한 혁신에 앞장서는, 지칠 줄 모르는 리더로 각광받고 있다. 그도 역시 주변 사람들과의 소통이 절실함을 깨달았다. 진정한 리더십에 대한 그의 철학은 "당신이 있음으로 인해 이웃이 발전하고, 자리를 비워도 당신의 영향력은 계속되어야 한다"는 것이다. 현재 그는 워싱턴 DC

에 본부를 둔 사립대학연맹의 사무총장으로서 사립교육의 자금 모금을 위해 의회에서 부단히 애쓰고 있다. 워싱턴 주립대학과 예일 및 미시간 대학을 졸업한 그는 오하이오 웨슬리안 대학 총장, 코네티컷 주의 뉴 헤이븐 시의원 겸 행정처장을 역임했으며 예일 대학에서는 연구조교로 활동하기도 했다.

1980년대 들어 워렌은 오하이오 웨슬리안 대학 총장으로 부임했다. 마침 학교는 한창 어려운 시기를 보내는 중이었다. 동문관계도 미적지근하고, 캠퍼스 사교모임의 행실이 논란의 중심에 서기도 했다. 교내 기금 모금은 바닥을 쳤다. 심지어 인근 지역사회와의 관계도 어딘지 모르게 경직되어 갔다. 워렌이 갓 도착했을 때는 대학에서 제공하는 관사도 아직 준비되지 않은 상태였다. 결국 그와 그의 가족 4명은 잠시 학생 기숙사에서 지내기로 했다. 그런데 그것이 오히려 긍정적인 결과를 가져왔다. 학생 및 직원들과의 대인관계가 끈끈해진 것이다. 그가 기숙사 방에서 아무런 격의 없이 학생들과 직원을 만나곤 했기 때문이다. 이 소식은 금세 뉴스를 통해 미국 전역으로 퍼졌다. 결국 워렌은 학생, 교직원, 동문 및 주민들로부터 사랑을 듬뿍 받는 총장이 되었다. 그는 기숙사 생활에서 깨달은 바가 많았다. 마침내 그는 이 경험을 토대로 학교 내 '세대 간 생활 공동체'를 설립하기에 이르렀다. 20년째 이어져 내려오는 이 공동체는 워렌의 리더십이 낳은 유산으로 자리 잡고 있다.

아직도 진솔한 개인적 커뮤니케이션의 위력을 의심하는가? 당신이 내일의 리더를 꿈꾼다면 이렇게 한 번 시도해 보라. 퇴근할 때 옆 사람을 보고 씩 웃은 후 그들의 반응을 살펴보자. 아마 십중팔구는 당신에게 미소를 보낼 것이다. 직장 내에서 같은 실험을 해 봐도 결과는 같을 것이다. 주변 사람들과 친밀한 소통을 시도하면 대인관계는 개선되기 마련이다.

오늘날, 전자통신은 비즈니스 세계에서 반드시 필요한 수단이다. 하지만 트위터나 문자 메시지를 줄이고, 이메일을 조금 자제해 보는 건 어떨까? 대신 프로젝트나 문제를 해결할 때 앞서 언급한 방법을 시도해 보자. 상대방의 얼굴을 직접 마주 보고, 긴밀한 대화를 원한다는 열린 자세를 보이는 것이다. 이와 같은 친밀한 소통방식은 업무에서의 긍정적인 아이디어와 성과로 이어질 것이다. 특히 요즘같이 예측이 힘든, 들쭉날쭉한 경기엔 더욱더 말이다. 직장이나 그 외의 곳에서 이메일의 내용을 오해해서, 그 오해 때문에 좋은 기회를 놓친 경험은 누구나 있을 것이다. 물론 그런 실수야 애교로 봐줄 수 있는, 농담거리에 지나지 않을 수도 있다. 하지만 사태를 좀 더 심각하게 생각할 필요가 있다. 직장에서의 이메일 주고받기는 그리 간단한 문제가 아니다. 오해는 서로에게 모욕감을 주거나 그릇된 행동을

취하게 할 수도 있기 때문이다. 말하자면, 실질적인 손실이 초래될 수 있는 것이다. 이메일이 타인과의 대화를 완전히 장악해서는 곤란하다. 생각해 보라. 이메일 문자 혹은 트위터에는 '인간적인' 면이 제한되어 있다. 전화나 면담에서 가능한 미묘한 뉘앙스 및 의견 전달이 힘들다. 만약 그렇지 않다고 우기는 이가 있다면, 아직 이를 처절히 깨닫지 못해 그럴 것이다.

물론 첨단 커뮤니케이션 수단은 최대한 활용해야 한다. 다만 중용이 필요할 뿐이다. 타인과의 직접적인 대화가 전부 첨단 테크놀로지를 이용한 것이어서는 곤란하다. 예를 들어 화상회의는 팀 프로젝트에 효과적이고, 이메일이나 트위터는 실시간으로 안건 결재를 받는 데 유용하기는 하다. 그러나 이들은 어디까지나 보조수단이다. 오프라인 커뮤니케이션을 대체하지 않는다는 전제하에 가치가 있을 뿐이다.

소통으로 성과를 올린 리더들

워렌은 소통과 협력 및 커뮤니케이션에 대한 노력으로 많은 성과를 이루어냈다. 개인적으로는 오하이오 웨슬리안 대학의 총장으로 자리매김했을 뿐 아니라, 지역사회, 워싱턴 DC의 사립대학연맹NAICU에도 큰 도움을 주었다.

세계적 패스트푸드 체인인 맥도날드사의 창립자 레이 크록

역시 자회사의 프랜차이즈 가맹점들로부터 활발한 커뮤니케이션과 협력 및 창의력을 이끌어내는 데 성공했다. 그가 추구한 비즈니스 모델은 과연 무엇이었을까? 바로 '다리가 셋 달린 의자' 모양이었다. 다리들이 의자를 지탱해서 굳게 선다는 의미에서였다. 세 다리는 각각 가맹점들과 맥도날드 본사, 그리고 납품 업체를 뜻했다. 서로를 존중하고 서로 간에 활발한 소통을 통해서 같이 나아간다는 것이다. 결국 크록은 패스트푸드 업계에서 놀라운 성공신화를 이뤄냈다. 가맹점들이 개발해 낸 맥도날드의 가장 인기 있는 메뉴들, 즉 빅맥과 에그 맥머핀, 피시퍼거가 크게 히트를 친 것이다. (논외이지만, 내가 리더십에 대해 가장 흥미롭게 배운 곳도 미시간 그랜드래피즈 지역 로날드 맥도날드 하우스의 초창기 이사회와 일리노이 오크브룩의 맥도날드 대학이었다!)

당신은 친밀감과 진심이 담긴 소통을 하고 있는가?

오늘날의 성공한 리더들이 전통적인 방법과 최신 'e-소통수단'을 병행하여 효과적으로 소통하는 비결은 무엇일까?

커뮤니케이션에는 친밀감과 진심이 담겨 있어야 한다. 리더들이 중요한 메시지 작성을 스피치라이터나 PR 전문가 혹은 비서에게 넘기는 게 과연 합당한 처사일까? 답은 '절대 아니다'이다. 글의 개요 작성을 쉽게 도와주는 소프트웨어 프로그램도 널린 게 현실이다. 리더가 스스로 글을 쓰지 못할 이유는 없는 것이다. 예를 들어, 아이패드의 iA라이터는 개요나 초고의 간편한 작성을 돕는 워드프로세서 시스템이다.

물론 글쓰기 훈련을 받지 않았다면 작문이 쉽지는 않을 것이다. 아이디어의 구성 및 발달에 익숙지 않을 테니 말이다. 하지만 천 리 길도 한 걸음부터라고 하지 않았던가! 당신이 리더, 혹은 리더를 꿈꾸는 이라면 회사 방침이나 전략을 짜내야 할 일이 생길 것이다. 이때 개요를 짜 둔다면, 그 내용이 좀 더 분명하고 간결해질 수 있다. 그 결과 또한 더 만족스러울 것이다. 직원들로부터 신뢰와 팔로워십을 얻기 수월해지기 때문이다.

첨단 시대의 리더들이 아직도 직접적인 소통 및 관계 유지에 의존하는 까닭은 무엇일까? 간단히 말해, 리더라면 직원들과 고객들, 그리고 시장과의 소통 및 연결을 위해 모든 수단을 총동원해야 하기 때문이다. 그렇지 않으면 단절이 생겨, 기업의 성공이 위협받을 것이다.

진정한 리더라면 직원들과의 커뮤니케이션을 위해 늘 좀 더 노력하는 자세가 필요하다. 소통을 도울 첨단기술들을 아예 멀리하라는 뜻은 아니다. 예컨대, 트위터나 페이스북 같은 소셜 미디어를 비롯하여, 웹사이트와 이메일 및 문자 메시지도 필요하다. 전통적 통신수단인 일반우편과 서류, 팩스 등을 써도 좋을 것이다. 하지만 리더의 커뮤니케이션 전략 목표는 '종이서류에서 해방되는 것'이 아니다. 바로 리더와 직원 및 관리자들, 그리고 공동체 간의 소통을 활성화하는 것이다. 시장에서 경쟁력을 유지하려면 당연한 일이다. 오늘날의 시장이라고 커뮤니케이션이 퇴화할 이유는 전혀 없다.

당신도 이를 따라 해 보는 건 어떨까? 그렇게 하지 못할 이유는 없을 테니 말이다.

　직접적인 커뮤니케이션은 인맥을 구축하는 원동력이 된다. 이를 통해 시장과 직장의 현주소를 파악할 수도 있다. 최신 통신수단을 사용하는 시간이 너무 많다면 이를 만회할 오프라인 소통을 꼭 시도하라. 기업과 직원들에게 경쟁력을 부여하고 싶다면 팩스나 인쇄물 등의 전통적 수단을 적극 활용하자.

　글로벌 리더라면 회사 전용 페이스북 계정과 블로그를 만들어 간부들과 아이디어를 교환하는 것도 필요하다. 새로운 소식을 트위터에 올림으로써 직원 및 간부들과의 소통을 꾸준히 하는 것도 좋다. 직원들의 이야기를 들어주고 그들이 내는 다양한 아이디어를 열린 마음으로 받아들이는 것이다. 이메일과 메모 및 게시판을 활용하여 다양한 의견을 나누고, 오프라인 회의 때 직원들이 이를 아는지를 확인해야 한다. 요는 모두가 참여하는 기업을 만드는 것이다. 이 모든 커뮤니케이션이 공동체 의식을 배양하고 서로 협력하는 직장환경 조성에 도움이 된다.

- 직접적인 오프라인 커뮤니케이션을 활용하면 직원들과의 소통은 물론, 직장의 형편도 파악할 수 있다.

- 소셜 미디어와 이메일, 문자 메시지 등도 오늘날의 직장에선 필요하다. 다만 그것이 양방향 커뮤니케이션 수단의 전부가 되는 것은 좋지 않다.

- 리더가 직원들과 소통한다면, 대립이나 의견차가 줄어들 수 있다. 합의를 이끌어내기가 한결 수월하기 때문이다.

- 리더는 유머감각을 발휘하여 분위기를 화기애애하게 바꿀 줄 알아야 한다. 직원들에게 자신감도 심어 주고 말이다.

- 리더가 메시지를 직접 작성하면 리더로서의 비전과 전략적 방향을 분명히 밝히는 데 도움이 된다.

- 리더는 직원들과 시장 및 지역 공동체에 귀를 기울여야 한다.

- 상대방의 직위가 무엇이든, 소통과 네트워킹을 시도해야 한다. 그래서 장기적인 도움을 받을 수 있는 관계를 맺어 두는 것이다.

Successful Leaders' Qualification

PART 2

성공한
리더의 조건

———

열정은 젊은이의 세상을 재창조한다.
또한 모든 것에 생명력과 의미를 부여한다.

랠프 월도 에머슨

———

4장

진정한 리더는
독특한 기질을 갖고 있다

연봉이나 경력사항이 리더십을 결정하는 건 아니다. 리더십은 바로 열정과 배짱, 그리고 가진 것을 베풀려는 마음에서 비롯된다. 그런데 많은 이들이 타인을 휘두르거나 부를 축적하려는 열망을 열정과 배짱으로 혼동한다. 물론 겉보기에 이 특징들은 비슷해 보인다. 하지만 조금만 유심히 살펴보라. 그 행동 양상과 태도, 현실에 큰 차이가 있음을 깨닫게 될 것이다. 단순한 보스라면 습관적으로 부하 직원을 괴롭힐 것이다. 하지만 진정한 리더는 자신만의 열정과 배짱으로 타인에게 영감을 불러일으킨다. 또한 직원들로 하여금 자신을 더 따르고, 각자 능력을 십분 발휘하여 최대의 목표를 성취하게 한다. 물론 과학적인 입증은 불가능하지만 '리더십 체질'은 존재하는 듯싶다. 유전자의 문제는 아닐지라도, 리더의 성격적 특징들은 분명히 있다. 이들을 적절히 계발하면 누구나 위대한 리더로 거듭날 수 있는 것이다.

열정이 리더의 출발점이다

우리는 일상에서 매일 다양한 모습의 열정을 마주하게 된다. 하지만 그런 열정이 진정한 비즈니스 및 공동체의 리더십으로 이어지는 경우는 드물다. 기업과 직원들, 그 외 모든 이들에게 긍정적 영향을 미쳐 서로 '윈윈하게' 하는 리더십 말이다. 위대한 리더를 움직이는 열정은 말 그대로 '열기'로 가득하다. 열정은 전염성이 강한 라이프 스타일이다. 이상을 실현하고 미래를 향한 확고한 비전을 품으며, 역경에 맞서 성공을 쟁취한다는 마인드인 것이다. 자신의 열정이 무엇인지 깨달은 인생은 어떨까? 아마도 흥분과 보람, 즐거움으로 넘칠 것이다. 그러한 열정이 직장으로 연결된다면? 경기의 좋고 나쁨에 상관없이 성공을 거듭하는 강력한 기업문화가 탄생할 것이다. 최근의 경기침체에도 끄떡없는 기업들을 보라. 조직 어딘가에는 열정을 불태우는 리더가 있을 것이다.

열정은 리더가 보일 수 있는 가장 강력한 자기 PR이다. 타인에게 자신의 본질이 바로 그런 열정임을 일깨우기 때문이다. 사람들은 정부와 기업, 교회 및 스포츠 분야의 리더들이 스스로 내뱉은 말을 꼭 지키는가에 지대한 관심을 갖는다. 시련에 부딪혔다고 리더가 밝힌 소신이 슬그머니 사라지는지 아닌지를 확인하려는 거다. 리더의 행동 하나하나가 확고한 목적의식과 열정으로 가득한 가치관에서 비롯된 것임을 사람들은 믿고 싶어 한다. 따라서 무엇보다도, 리더라면 본보기가 되어야 한다. 타인에게 리더십의 노하우를 전수하고, 곤경에 처한 이웃에게는 손을 내미는 온정이 있어야 한다. 항상 겸손하고 남의 편에 서서 생각할 줄 알아야 한다.

도미노피자를 창립한 톰 모너건은 경력이 매우 화려하다. 그러나 그도 첫술에 배부른 것은 아니었다. 4살 때 부친을 여읜 데다, 그의 어머니는 자식들을 키울 형편이 못 되었다. 결국 그는 고아원과 수양 가정을 전전해야 했다. 대학은 중퇴한 데다 첫 피자 사업에서는 고배를 마시기도 했다. 그러나 성공을 향한 그의 의욕은 식을 줄 몰랐다. 언젠가는 저렴한 가격으로 신속하게 배달되는 피자가 '대박'을 터뜨릴 거라는 꿈을 의심하지 않았다. 그는 계속 도전했다. 타인의 조언을 경청하면서 많은 것을 배워 나갔다. 그리고 마침내 그는 성공했다. 배달 음식 서비스 역사에 한 획을 그으며, 성공신화 반열에 오른 것이다.

기업이나 정치계에서 '재기'는 전설이 된다. 미국인들은 역경에 굴하지 않고 성공을 거둔 사람과 자신을 동일시하는 경향이 있다. 그러나 처음엔 많은 논객들이 첫 피자 사업에 실패한 톰 모너건을 두고 욕심이 과했다는 둥, 엉뚱하다는 둥, 속 빈 강정인 데다 저속하다는 둥, 독선적이라는 둥 그를 폄하하는 실수를 저질렀다. 하지만 나는 처음 만났을 때부터 그가 마음에 들었다. 그의 '오뚝이' 자질에 끌렸는지도 모르겠다. 톰은 몇 번이고 실패를 맛보았으나, 결국에는 모두의 예상을 뒤엎고 승승장구했다.

약 30년간 상·하원에서 활약해 온 댄 코츠도 비범한 리더로 손꼽힌다. 그는 투철한 목적의식과 넘치는 열정을 타인에게 전수하며 리더로서의 책임을 다했다. 여러 기업에서도 그런 열정 어린 리더십을 높이 샀다. 내가 인디애나 의과대학에서 공보·마케팅 부장으로 있었을 때의 일이다. 코츠 상원의원이 관여하는 해사선발위원회Naval Academy Selection Committee의 일을 그와 같이한 적이 있었다. 그때 나는 그의 살아 움직이는 열정을 체험했다. 몇몇 의원들은 사관생도의 선발과정을 그저 귀찮은 의무나 관례로 여기는 눈치였다. 그러나 코츠 상원의원은 달랐다. 엄연히 인디애나 유권자들이 자신을 믿고 위임한 직무라는 생각이 앞섰던 것이다. 따라서 일을 열성적으로, 제대로 처리할 필요가 있었다. 그는 뛰어난 후보생들이 사관학교에 입학하기를 진심으로 바라고 있었다. 그렇게 해서 나도 코츠의 리더십 아래 선발과정에 참여했던 것이다.

뛰어난 운동선수들은 어떨까. 이들은 '믿음'이란 요소를 몸소 실천하는 자들이다. 그래서 상당수는 지역사회와 비즈니스 업계의 위대한 리더로 성장하기도 한다. 『보스턴 글로브_Boston Globe_』지의 스포츠부 편집기자였다가 최근에는 『벤투라 카운티 스타_Ventura County Star_』지의 편집부에서 물러난 래리 에임스의 말을 들어 보자. 그는 쿼터백인 더그 플루티를 자신이 만난 "필드의 가장 위대한 리더"라며 극찬했다. 플루티는 키가 175cm로 신장은 비교적 작았으나, 필드 안팎에서는 '산'과도 같은 존재였다. 그는 자신의 타고난 운동신경과 리더십 노하우를 굳게 믿었다. 팀의 승리를 위해 지능적인 모험도 여러 번 감수했다. 그무엇도 그를 흔들지 못했다. 다음은 에임스가 플루티의 결연한 의지와 재능을 기술한 글이다.

플루티가 고등학교를 갓 졸업했을 때는 오라는 데가 별로 없었다. 결국 보스턴 대학 수비 팀 최후열로 입학하게 되었다. 하루는 잭 빅넬 코치를 찾아갔다고 한다. 홈경기인 '슈라이너스 풋볼 클래식'에서 출중한 기량을 보이면 쿼터백에 넣어줄 수 있냐고 대담하게 물었다는 것이다. 아니나 다를까, 플루티는 탁월한 개인기를 발휘하여 쿼터백 조직표에 네 번째로 등재되었다.

그가 1학년일 때 보스턴 대학은 여느 때처럼 펜실베이니아 주립대와의 경기에서 고전을 면치 못했다. 엎친 데 덮친 격으로, 보스턴 대학의 쿼터백 넷 중 둘이 부상을 당했다. 게다가 서드 스트링 쿼터백은 실력이 부진했다. 빅넬 코치는 플루티에게 기회를 주기로 했다. 결국 하프타임 전에 터치다운을 성공시킨 그는 4피리어드에서 승리를 거의 확정지었다.

그 후, 플루티는 코트를 떠나기까지 항상 선발로 뛰었다. 4학년 때는 하이즈만 트로피를 획득했고 나다 풋볼리그에서는 쿼터백으로 명예의 전당에 등재되었다. 이후 NFL 팀에서 활약하다가 뉴잉글랜드 패트리어츠 팀을 끝으로 43세에 은퇴했다.

2005년 시즌 결승에서 마이애미 돌핀스와 격돌한 플루티는 드롭킥을 성공시키며 화려한 경력의 피날레를 장식하기도 했다.[1]

그는 필드 밖에서도 리더다운 면모를 과시했다. 아들이 세 살 때 자폐증 진단을 받자, 자폐증 환자들을 돕기 위해 아내 로리와 '더그 플루티 주니어 재단'을 창설한 것이다. 재단은 자폐 장애 아동들에게 의료 서비스를 실시하는 비영리 기업과 병의원인을 연구하는 조직에 자금을 지원하고 있다. 1998년부터 지

---

1 래리 에임스, 저자와의 인터뷰, 2011년 5월 8일.

금까지 플루티는 자폐증 후원금으로 약 1,100만 달러를 모금하는 데 기여했다.

어떤 이들은 일상적인 삶의 현장에서 열정을 발견해 낸다. 인류의 역사를 한 번 뒤돌아보라. 이런 이들이 시발점이 된 열정의 불꽃들로 가득하지 않은가. 궁핍한 계층이 겪는 고난을 만천하에 폭로하는 의로운 정치인이라든가, 학생들의 내면에 잠재된 정열을 일깨우는 대학교수에 이르기까지 말이다. 열정은 유년기의 학습에서부터 싹트기도 한다. 아이가 부모의 모습을 관찰·학습하기도 하고, 아동기의 환경을 조성하는 중요한 대화 및 의사결정의 영향을 받기도 한다. 역경에 굴하지 않는 끈기와 노동의 값어치 등 직접적인 가르침으로부터 중요한 교훈들을 배우기도 한다.

물론 리더십은 어느 정도 선천적으로, 즉 유전적으로 물려받기도 한다. 내 경우도 그렇다. 나의 리더십은 '집안 내력'이라고 볼 수도 있기 때문이다. 조부와 아버지, 그리고 삼촌들이 모두 훌륭한 지역사회의 리더셨다. 때문에 나는 리더십에 대한 뚜렷한 목적의식을 자연히 내면화한 셈이다. 교편을 잡으셨던 어머니는 봉사활동차 병원을 다니시곤 했다. 이를 통해 내게 상대방의 사정을 더 잘 살피고, 남을 존중해야 함을 일깨워 주셨다. 이런 집안환경 덕에 나는 주변 사람들로부터 더 많은 것을 보고, 듣고, 배울 수 있었다. 매니저, 리더 및 동료들과 소중한 경험을 쌓아 가며 진정한 리더십의 개념을 파악한 것이다. 나를 포함한 타인들의 인생을 크게 변화시킬 만큼 훌륭한 스승도 여럿 만났다. 그들은 진정한 롤 모델이었다. 물론 가족들을 비롯한 롤 모델이 없다고 리더가 될 수 없는 건 아니다. 누구나 자신 안의 열정을 발견하고, 이를 갈고 닦으며, 남을 이끄는 법을 배울 수 있다. 그러다 보면 진정한 리더에의 길로 한 걸음 더 나아갈 수 있을 것이다.

긍정으로 가득 찬 열정과 헌신을 일상에서 발견하기란 그리 어렵지 않다. 주변의 사려 깊은 교사들, 수고를 아끼지 않는 간호사들, 곤경에 처한 이들에게 손을 내미는 성직자들을 보면 말이다. 좀 더 살맛 나는 세상을 만들고 싶어서 흔쾌히 자원봉사하는 이웃 주민들도 비슷한 예다. 안타깝게도, 이 같은 열정이 기업 및 직원들, 그리고 지역사회를 골고루 살찌우는 진정한 리더십으로 이어지는 경우는 드물다.

기업과 지역사회에서 실질적 성과를 이끈 리더로 리모네이라사의 에드워즈를 꼽을 수 있다. 그의 비전은 지역사회와 고향에 대한 회사의 '청지기 정신' 전통의 회복으로 드러났다. 한 예로, 리모네이라는 본사의 자산을 운용하며 지역 주민들에게 주식을 팔아 모두에게 장기적 이윤을 가져다주었다. "지속적인 성장을 위해서는 인력 관리도 중요합니다. 사람이 소중한 자산이니까요"라고 에드워즈는 말한다. 그런 철학의 실현을 위해 본사는 인근 캘리포니아 산타 파울라 지역과 함께 장기적 성장을 위한 '마스터 플랜'을 개발하기도 했다.

1994년에서 2004년까지 펜실베이니아 대학에서 총장을 지내다, 지금은 록펠러 재단 총재로 재직 중인 주디스 라딘도 열정으로 세상을 바꾼 위대한 리더로 명성이 높다. "대학을 세계 일류로 만들려면 어떻게 해야 할까요? 우선 학교 내부와 주변부터 달라져야 합니다." 펜실베이니아 대학 재직 시절 그녀의 말이다. 펜실베이니아 대학은 라딘의 열정과 리더십 아래, 현지를 밝히는 '등불'로 자리 잡았다. 그녀는 대학 주변의 낙후된 웨스트 필라델피아 지역 환경의 개선에 힘썼다. 또한 대학 지원율과 연구 보조금, 신입 교직원, 기금을 크게 끌어올렸다. 그러자 미 주요 대학 평가기준, 펜실베이니아 대학의 인지도도 대폭 상승했다. 미 도시연맹의 총재 겸 CEO인 마크 H. 모리얼은 라딘의 공로를 다음과 같이 평가했다.

도시에 위치한 학교들은 대개 교직원 및 학생들을 범죄로부터 보호한다는 미명하에 울타리를 쳐 대기 바쁘다. 하지만 펜실베이니아 대학의 라딘 총장은 과연 이런 경향이 학교의 장래에 도움이 될지 의문을 제기했다. 대학 주변의 빈민가를 감싸 안아 부흥시키겠다는 것이 그녀의 획기적인 계획이었다. 이는 주요 기관들이라도 21세기에 경쟁력을 유지하려면 부단히 움직여야 함을 보여주는 좋은 예이다.[2]

1991년, 스티븐 샘플이 남가주 대학의 총장으로 부임했을 때, 학교는 스포츠 강팀으로 유명세를 타고 있었다. 하지만 학술적인 명성은 스포츠 쪽의 기량에 비해 뒤져 있었다. 그는 특유의 열정과 의지로 학교를 명망 있는 학술기관으로 바꾸기 시작했다. 그는 캠퍼스 주변 지역의 부흥을 꿈꾸며 각종 파트너십을 결성한 선구자가 되었다. 그런 그의 성공신화는 장안의 화제였다. 그는 리더십 전문가인 워렌 베니스와 손을 잡고 학교에 리더십 강의를 개설하기도 했다. 그런가 하면 『창조적인 괴짜들의 리더십*A Contrarian's Guide to Leadership*』(2001)이라는 저서도 집필했다. 2010년 8월 은퇴 계획을 발표하면서 샘플은 다음과 같이 밝혔다.

남가주 대학의 총장직이 케이트린과 내게는 직책 이상의 의미

---

2 주디스 라딘, 『대학과 도시의 부활: 상아탑에서 스트리트로*The University and Urban Revival: Out of the Ivory Tower and Into the Streets*』(펜실베이니아 대학 출판부, 2007년), www.upenn.edu/pennpress/book/14337.html.

가 있었다. 그건 소명이었다. 미국 대학들 중 가장 빠르게, 큰 폭으로 도약하는 대학으로 키우겠다는 열정이기도 했다. 우리가 많은 동료 및 친구들과 이 사명을 감당해 온 건 행운이 아닐 수 없다. 본교에서 보낸 세월은 생각만 해도 정말 뿌듯하다.[3]

케네스 비츨러의 리더십 이론이 강조하듯, 열정과 헌신은 혁신과 완벽함으로 귀결되기 마련이다. 비츨러는 미시간 주립대학 부속 와튼 공연예술센터의 전무이사와 미시간 예술문화위원회의 부의장을 역임했다. 열정과 헌신, 리더십과 통찰력을 발휘한 비츨러는 격조 높은 공연예술을 미시간 중부에 소개했다. 그는 클리프턴 R. 와튼 주니어 총장의 지휘 아래 미시간 주립대 캠퍼스에 최첨단 공연시설 설립의 필요성을 일깨운 것이다. 비츨러는 그 자신이 뛰어난 연극배우이자 저술가 겸 경영인이기도 했다. 안건에 대한 확고한 소신은 흔들리는 법이 없었다. 하지만 지역사회의 의견에도 매우 민감했다. 지역 주민과의 유대감이 중요함을 깨달았기 때문이다. 동참하는 이들이 없으면 예술은 머지않아 그 빛을 잃을 테니 말이다. 캠퍼스의 예술 공연장을 찾는 관객은 해마다 크게 늘었다. 학교 공연장의 담

---

3 〈스티븐 B. 샘플 총장, 8월 은퇴President Steven B. Sample to Retire in August〉, USC 뉴스, http://uscnews.usc.edu/university/uscs_steven_sample_announces_retirement_as_president_effective_august_2_2010.html.

을 허물고 지역사회의 다양한 관객층을 확보하려는 비츨러의 노력 덕택이었다. 모든 소득층의 주민들이 고품격 공연을 감상할 수 있도록 티켓 가격을 합리적으로 책정한 것 또한 비츨러의 성공 포인트였다.

이처럼, 리더다운 리더는 자신의 열정을 긍정적인 방향으로 분출한다. 그렇게 함으로써 동시에 다른 이들의 희망, 비전, 꿈도 실현하는 것이다. 자신의 말과 행동 하나하나로 타인에게 강렬한 인상을 남기며 말이다.

배짱 없이 영광도 없다

리더십에는 배짱도 어느 정도 필요하다. 물론 '총격전'을 방불케 할 정도로 거칠게 밀어붙이라는 뜻은 아니다. 다만 직장과 가정이라는 '총알 없는 전쟁터'에서 소신을 굳건히 하고, 도전에 맞설 용기가 필요하다는 것이다. "고통 없이 얻는 것은 없다no pain, no gain"라는 말도 있잖은가. 스포츠 세계에서 흔히 듣는 이 격언은 선수들에게 도전의식을 고취한다. 또한 군대에서는 "배짱 없이는 영광도 없다no guts, no glory"고들 이야기한다. 비즈니스 업계가 아닌 어떤 분야라도 '이 정도면 되겠지'라고 현실에 안주해서는 안 된다는 것이다. 혹여 후원자들이 등을 돌린다 해도 소신껏 결단을 내리는 의지가 필요하다. 이는 비즈니스와 일상에서 얼마든지 습득할 수 있다.

불황이 닥치거나 회사가 어렵다고 가정해 보자. 그렇다고 무작정 인력을 반으로 감원하는 고집을 부릴 필요가 있을까? 그보다는 좀 힘겹더라도 임금을 전반적으로 삭감하는 편이 불경기를 헤쳐 나가는 현명한 방법이 아닐까 싶다.

보스턴 소재의 하버드 대학 '베트 이스라엘 디코니스 의료센터'의 전 CEO인 폴 레비가 바로 그런 방법을 쓴 리더 중 한 명이다. 그는 비록 임기 말에 여러 가지 논쟁이 불거져 2011년 초에 사퇴했지만, 기업의 리더로서 낸 훌륭한 성과도 많았다. 경기 침체가 절정에 달했을 때, 레비는 감원을 최소화하기 위해 보기 드문 능력을 발휘했다. 직원들 사이에 공감대를 형성하여, 그들로부터 자발적 희생을 유도해 낸 것이다. 그는 병원의 최저임금 근로자들의 해고를 막기 위해 의사와 간호사 및 직원들을 설득했다. 임금을 삭감하거나, 최소한 임금 인상의 폭을 낮추자고 말이다. 그의 비전은 대담했다. 그 덕에 병원 전체의 문화와 명성 및 품위는 격상했다. 이는 레비의 공감대 형성 및 설득의 힘이 일구어낸 이례적인 업적이었다.

순수한 용기와 소신 있는 의사결정의 중요성을 깨달은 리더들은 이외에도 많다. 컬럼비아 대학의 리 볼린저 총장은 마무

드 아마디네자드 이란 대통령을 뉴욕 캠퍼스에 초빙해 연설을
부탁한 적이 있다. 파격적인 결정이 아닐 수 없었다. 볼린저는
'표현의 자유'를 주장하는 미 수정헌법 제1조를 신봉하는 학자
였다. 이 초빙 사건 자체뿐 아니라 연설 당일에 그가 한 발언도
거센 비판의 중심에 섰다. 그러나 연설을 직접 들은 청중들은
이란 통수권자에 대해 새로운 사실을 많이 알게 되었을 것이
다. 연설 내용에 동의하든 하지 않든 간에 말이다.

제너럴 일렉트릭의 CEO인 잭 웰치는 여러 이유로 전설적인
리더로 손꼽히는 인물이다. 특히 수익성이 높은 GE의 사업 몇
가지를 포기한 것은 가장 '배짱을 부린' 일화로 유명하다. 물론
그가 포기한 각각의 사업이 업계에서 최고가 될 가망성은 거의
없다는 판단이 앞섰기 때문이었다. 이는 규모를 축소하여 더
탄탄한 기업으로 발전시키고자 한 용감한 결단이었다.

리더는 영감을 준다

귀감이 되는 리더의 또 다른 중요한 특징이 있다. 바로 지역
사회의 형편에 관심을 쏟는다는 것이다. 이는 적극적인 자선사
업이나 봉사활동으로 이어지곤 한다. 물론 이 특징은 미국의
리더들에게만 국한되는 개념은 아니다. 그리고 리더들의 관심

이 24시간 내내 남을 섬기는 것에 있지는 않을 것이다. 하지만 어느 정도 '남에게 되돌려주는' 것은 리더의 당연한 의무이다. 그렇게 함으로써 감사와 겸손의 미덕을 내보이는 것이다. 보스라면 '이제 내 배가 부르니, 당신도 드시오'라는 식으로 생색을 낸다. 하지만 리더는 '내가 복을 받아 식량이 많으니, 이제는 당신과 나누고 싶군요'라고 말한다.

이쯤에서 내가 존경하는, 출중한 리더십과 겸손을 지닌 리더 둘을 소개할까 한다. 이들은 공익 서비스를 비롯하여, 수많은 사람들과 기업에 이바지했다. 바로 클리프턴 R. 와튼 주니어와 돌로레스 D. 와튼 부부가 그 주인공들이다. 이들은 8년간 미시간 주립대학의 총장 부부로 역임하는 동안, 누구도 흉내 낼 수 없는 방법으로 학교의 위상을 높이 끌어올렸다. 게다가 대학의 교직원과 연구 프로그램 및 지역사회 서비스의 폭을 확대하기도 했다. 또한 학교 기금 마련 캠페인을 개최하여 재직기간이 끝난 이후에도 오랫동안 대학의 성장에 기여했다. 무엇보다, 이들은 공연예술 발전에 적극 참여하여 교내 첨단 공연시설 건립에 중추적인 역할을 했다. 타 유수의 대학들이 음악과 연극, 무용 및 미술에 대한 지대한 관심으로, 그에 걸맞은 시설과 교수진 및 프로그램을 갖추었다는 사실에 주목했기 때문이다. 1982년, 미시간 주립대학은 프리미어 예술관의 공식 명칭을

'클리프턴·돌로레스 와튼 공연예술센터'로 지었다. 그들의 노고에 대한 최고의 경의를 표한 것이다.

와튼 부부의 지성과 열정, 통찰력 및 겸손에 대해서는 보도된 바가 많다. 하지만 그런 자료 없이도, 두 내외가 박식하고 생각이 깊다는 점은 직접 만나면 대번에 알 수 있을 것이다. 그들의 적극적인 태도와 긍정적이고 유쾌한 매력에 푹 빠지지 않을 사람이 있을까. 두 부부는 각자 많은 성과를 이룩했을 뿐 아니라, 서로의 활동에도 적극 참여하고 있다. 돌로레스는 약 30개 기업의 이사로도 활동해 왔다. 배우자의 일에 순수한 마음으로 관심을 쏟는 것이 개인의 성공뿐 아니라 행복한 부부생활의 비결임을 일찌감치 깨달은 것이다. 와튼 부부는 올해로 60여 년의 결혼생활을 누리고 있다고 한다.

돌로레스 와튼의 주장은 다음과 같다. "리더십을 발휘하려면 스스로의 지식을 채우고 타인을 고무시킬 수 있어야 한다는 것." 이에 남편인 클리프턴은 "성실성과 솔직함, 그리고 인간미를 두루 겸비해야 리더"라고 덧붙인다. 넓은 의미에서 진정한 리더는 '스승'이기도 하니 말이다. 클리프턴은 미시간 주립대학에 '지도자반 프로그램'을 운영하여 일반인들이 대학을 이끄는 법을 배우는 기회를 제공하기도 했다. 오늘날 그에게 지도를 받은 사람들 중 3분의 1이 대학에서 총장으로 활약 중이다.

이처럼 와튼 부부는 다양한 조직, 즉 주요 대학과 국제개발 프로그램, 정부 서비스 및 자선단체를 이끌어 왔다. 와튼 부부는 리더로서 사람들의 말을 경청하고, 그들을 격려하여 발전시키는 것의 중요성을 강조했다. 또한 팀워크를 견고히 해야 한다고 보았다. 더불어 '리더에게 모든 답이 있다'는 착각과 오만을 일으키는, '권력의 덫'은 피하라고 당부했다.

리더십을 배울 사람 둘만 꼽으라면 단연 클리프턴·돌로레스 와튼 부부가 1순위에 자리 잡을 것이다. 사회운동가 겸 개혁가인 그들은 '미국의 보배'라 해도 과언이 아니다.

리더는 세상의 이목을 노리지 않는다

진정한 리더는 스포트라이트를 노리지 않는다. 오히려 타인의 성공을 위해 노력할 뿐이다. 18년 전, 추수감사절을 맞이한 캘리포니아 주의 옥스나드에서 있었던 일이다. 생후 4주 된 사내아이를 둔 아버지가 아내와 차를 타고 샌퍼낸도 밸리로 가고 있었다. 그런데 문득 뒤를 돌아보니, 갓난쟁이 아들의 숨이 멎은 게 아닌가! 아버지는 혼비백산하여 재빨리 고속도로를 빠져나왔다. 그때, 차량 몇 대가 주차된 스포츠용품 매장이 눈에 띄었다. 차를 멈추자마자 아기 엄마는 매장 안으로 뛰어 들어가 절박하게 도움을 요청했다.

이런 걸 두고 운명의 이끌림이라고 하는 걸까. 때마침 그곳에는 산타 파울라 지역 출신 의사 한 명이 있었다. 그는 휴일을 맞아 대학에서 올 아들과 함께 탁구를 즐기고자 탁구대를 시험해 보는 중이었다. 그 의사는 다름 아닌 벤투라 카운티 병원의 가정의학 프로그램 대표를 지낸 저명한 프랜 S. 라슨이었다. 라슨은 아기 엄마를 보자마자 이내 그들 부부의 차로 달려갔다. 그런데 그가 맥을 짚어 보니, 아기의 맥박과 호흡은 이미 멈춰 있었다. 의료적인 정황상으로는 목숨이 끊어진 것이 분명했다. 그러나 그는 포기하지 않고 아기에게 흉부압박 심폐소생술을 실시했다. 그러자 마치 기적처럼, 아기가 다시 숨을 쉬기 시작했다.

아기가 곧 회복되자, 부모는 기쁨에 들떠 정신이 팔렸다. 그 사이 라슨은 유유히 현장을 빠져나갔다. 얼마 후 부부는 라슨의 '정체'를 파악할 수 있었다. 부부는 감사의 뜻을 전하기 위해 그의 병원 사무실을 찾았다. 그 후, 그들은 아이가 잘 크고 있다는 것을 보여주기 위해 해마다 라슨에게 아들을 데리고 갔다. 아이는 훌쩍 커서 2011년에 고등학교를 졸업했다고 한다.

몇 년 후 인기와 존경을 한 몸에 받게 된 라슨은 '올해의 전문의'로 선정되었다. 그의 탁월한 의술뿐 아니라 겸손의 미덕과 공익 서비스 정신이 주목을 받았기 때문이다. 라슨은 주민 대상의 교육 및 의료봉사, 그리고 지역 고교 자원봉사 등에 힘써왔다. 이처럼, 세상은 명예욕에 혈안이 된 리더를 원치 않는다. 리더십의 지침을 배운 그대로 실천하는 리더를 찾는 것이다.

스포츠 선수인 찰스 우드슨과 디켐베 무톰보도 각자의 종목에서 위대한 영웅으로 추앙받았다. 하지만 둘 다 언론 앞에서는 과묵하고 말수가 적었다. 이들에게는 공통적인 목표가 있었다. 바로 고단한 삶을 사는 이들을 위한 좀 더 살맛 나는 세상을 만드는 것이었다. 그러다 보니, 스포트라이트를 독점하기보다는 소외계층에 대신 비추는 습관이 있었다. 이것이 바로 리더의 진면목이 아닐까 싶다.

미시간 대학이 낳은 전국 대표급 코너백인 우드슨은 수비수로서 최고 영예의 '하이즈만 트로피'를 수상한 NCAA 디비전 I-A 풋볼 선수이다. 오늘날, 그는 전미 풋볼리그 NFL 선수로 맹활약 중이다. 그의 능력은 필드 밖에서도 펼쳐지고 있다. 2007년 그는 미시간 대학 부속 C.S. 모트 소아과 병원과 본 보이흐틀랜더 산부인과 병원에 200만 달러를 기부했다. 미디어 노출을 꺼리는 그이지만, 소아암과 심장 및 신장질환과 자폐증 아동의 치료제 연구에는 정기적인 후원을 해 왔던 것이다.

한편, 디켐베 무톰보는 농구 코트 안팎에서 주목할 만한 활약을 해 왔다. 자이레(Zaire, 현 콩고 민주공화국) 토박이이자, 조지타운 대학을 졸업한 그는 존 톰슨의 호야스 팀에 있을 때 한 경기에서 무려 12개의 슛을 저지한 기록이 있다. 동료들 사이에서 그는 '데케Deke'라는 애칭으로 불리곤 했다. 그는 16년간 NBA에서 최고의 '샷블로커shot blocker'로 활약하며 네 차례나 '올해의 수비수'로 선정되었다. 그는 수백만 달러를 벌어들이기 훨씬 전부터 기부의 중요성을 알고 있었다. 그리하여 콩고의 킨샤사 지역에 첨단시설의 병원 및 연구센터를 설립하기도 했다. 킨샤사에서는 매년 5세 미만 아동 50만 명이 사망한다. 거의 모든 사망이 적절한 예방책의 부재에서 기인한다고 한다. 데케의 병원은 앞으로 수백 명의 의료진을 교육하고, HIV/AIDS 환자 치료법을 개선할 전망이다.

목표를 높여라

남에게 '되돌려주는' 마음은 리더십을 한 차원 높은 수준으로 이끈다. 앞서 예를 든 우드슨과 무톰보는 자신들의 리더십을 갈고 닦는 동안, 타인도 진정한 리더가 되도록 몸소 자극제 역할을 했다. 훌륭한 리더가 되길 꿈꾸는가? 그렇다면 진정한 리더들이 다음과 같은 사실을 깨달았음에 주목하자. 바로 '타인이 스스로 감히 꿈꾸지 못했을 법한 목표를 실제로 달성하게 돕는 것이 알짜배기 리더십'이라는 것. 또한 리더라면 '조직의 미래를 위해서 현상을 뒤흔들 각오가 되어 있어야 한다'는 점을 타인에게 일깨워 줘야 한다.

메릴린치사의 수석 부사장 겸 벤투라 코스트 지부장인 윌리엄 J. 커니도 본을 보일 줄 아는 경영자로 손꼽힌다. 그는 멘토이자 지역사회의 리더이다. 또한 벤투라 카운티 주민들의 재정적 고충을 돕기 위해 자신의 능력을 한껏 발휘하는 믿음직한 자문가이기도 하다.

지난 30년간, 커니는 오전 4시 30분이면 어김없이 회사에 도착했다. 주변 그 누구보다 이른 출근이었다. 낮에는 열성적으로 일하고, 저녁에는 여러 이사회 회의에 참석하곤 했다. 메릴린치의 경영진 중 한 명은 커니가 "항상 고객의 입장에서 최선의 해결책을 찾는 데 수고를 아끼지 않는다"고 평가했다.

진정한 리더는 코트든, 필드든, 기업체이든 간에 자신이 몸담은 조직을 날마다 좀 더 높은 목표를 향해 이끈다. 비록 꼭대기에서 지휘하는 입장이지만, 말단 직원도 업무에 두루 참여할 수 있는 환경을 조성한다. 기업과 개개인의 발전을 위해 직원들의 발언권과 참여 및 교육을 보장해 주는 것도 리더의 중요한 본분이다.

조직의 역사를 기리는 전통도 리더십 계발을 자극할 수 있다. 과거의 사건으로부터 교훈을 얻고, 선임에 대한 존경과 감사를 되새기는 것이다. 이는 곧 '내일의 리더들'에게 특별한 집단에 소속되어 있다는 자긍심을 불러일으킬 뿐 아니라, 좀 더 깊은 안목으로 조직을 이해하도록 돕는다.

사람들은 자신이 세상의 부족함을 메꾸는 중요한 조직에 소속되었다고 느낄 때 업무를 마치 내 일처럼 느끼게 된다. '임무'를 완수하기 위해서 말이다. 규모는 작지만 최정예 전문팀으로 구성된, 라디오 방송국 KCLU-FM이 그 좋은 예이다. KCLU는 NPR 방송국의 계열사로, 캘리포니아 주 사우전드 오크스의 캘리포니아 루서란 대학 이사회가 소유하고 있다. '4인 정예' 팀인 이 라디오 방송국은 누구도 흉내 낼 수 없는, 넘치는 에너지의 소유자인 매리 올슨 부장이 이끌고 있다. 주요 서비스 지역은 산타 바버라와 벤투라 카운티이다. 이곳에서 방송 관련 정식 교육을 받은 저널리스트는 전미 에드워드 R. 머로 상을 수상한 뉴스 감독 랜스 오로스코뿐이다. 오퍼레이션·프로그램 감독인 짐 론도도 방송상을 수상한 경력이 있다. 다재다능한 멤버십 감독인 미아 카나츠쉬플렛은 방송 팀 전체를 두루 돌보는 역할을 맡고 있다.

KCLU는 마크 트웨인 상을 비롯해, AP 연합통신 상, 라디오 텔레비전 뉴스연합 상, 골든 마이크 상, 에드워드 R. 머로 상 등을 수상해, 여느 메이저 방송사보다 '상복'이 많기로 유명하다. 또한 메이저 방송사 급의 고품격 뉴스를 선보이면서도, 지방방송만의 독특성을 유지하고 있다. 특히 KCLU는 발 빠른 속보 전달로 그 명성이 높다. 서든 캘리포니아 지역 주민들은 천재지변이 나면 KCLU의 생중계로 눈을 돌리곤 한다.

KCLU는 루서란 대학의 비좁은 옛 기숙사 예배당에서 17년간 지내다, 2011년에 신축 건물로 이전했다. 310만 달러 규모의 새 보금자리인 '팔루치 스튜디오'가 탄생한 것이다. 직원들이 수년간 흘린 땀과, 청취자와 자원봉사자 및 기부자들의 지속적인 후원이 결실을 맺은 셈이다.

루서란 대학 경영진과 동료들에게 새 방송국 설립을 위해 모금 운동을 할 것을 설득했던 때가 떠오른다. 대학 내 시설 및 학술 분야에 투자해야 할 곳이 워낙 많아 설득이 쉽지는 않았다. 그러나 모금 운동이 아직 기획단계에 있을 때, 나는 최첨단 스튜디오와 '커뮤니티 룸'을 갖춘 독자적인 방송국을 신설해야 한다고 주장했다. 이를 위해 민간 자금을 유치한다면, KCLU의 영향력은 부지기수로 확대될 거라고 말이다. 그러면 자연히 루서란 대학 브랜드의 지역적 인지도도 수직상승할 게 뻔했다. 결국, KCLU 직원의 능숙한 관련 계획 프레젠테이션이 결정타를 날렸다. 대학의 기획위원회 사람들이 신설 방송국 설립을 모금 운동의 최우선 리스트에 올린 것이다.

비즈니스 및 여타 분야에서 열정을 발견하고 리더십을 발휘하려면 체계적인 노력이 필요하다. 느긋하게 인내하는 자세는 말할 것도 없고 말이다. 인간은 누구나 성공을 꿈꾼다. 비전은 다르지만 말이다. 열정을 찾아 꿈을 실현하는 것은 돈보다는 직업윤리의 문제이다. 리더라면 비전을 성취하려는 포부가 강해야 한다. 그것이 리더를 성공으로 이끄는 원동력이기 때문이다. 하지만 '사이비 리더'라면 스트레스에 숨통이 막히기 일쑤이다. 소임에 대한 열정이 없기 때문이다. 포부도 없고, 준비도 미흡하니 그럴 수밖에 없다.

자신의 열정을 깨닫고 성공의 지름길을 개척하고 싶은가? 그렇다면 다음의 4단계 비결을 실천하라.

● 분석하기

하고 싶은 일과 하기 싫은 일의 목록을 작성해 보자. 시간을 어떻게 쓰고 싶은가? 관심이 가는 업무와 그렇지 않은 업무는 무엇인가? 당신이 가진 기술은 무엇인가? 만약 배우고 싶은 기술이 있다면 그게 무엇인지도 적어 보자.

● 탐구하기

열정을 발휘하는 사람에게 그 비결을 물어보자. 관심 분야에 자원을 해 보는 건 어떨까? 유·무급을 떠나 관심 분야의 인턴십 프로그램이 있다면 망설이지 말고 등록해 보자. 관련 수업을 듣는 것도 좋다.

● 모험하기

익숙한 분야를 떠나 새로운 것을 개척하자. 도전정신을 발휘할 기회를 찾는 것이 좋다.

● 평가하기

스스로 업무를 얼마나 능숙하게 처리했는지 평가해 보자. 일을 하며 열정을 느꼈는가? 좀 더 노력하거나, 관련 교육을 받으면 도움이 될까? 모든 기술을 다 마스터하지는 못하겠지만, 취약 분야를 집중 공략하면 어느 정도 개선이 될 것이다.

제자들에게 항상 하는 이야기가 있다. 바로 자신감은 새로운 영역을 개척할 때 생겨난다는 것. 전공 분야를 벗어나 미지의 영역에 도전할 때 낯설고 어색한 것이 당연하다. 남들이 편견 어린 시선을 보낸다 해도 두려워할 필요는 없다. 세상에 똑같은 사람이 어디 있겠는가? 각자가 지닌 자질과 능력, 호기심과 열정은 각양각색이다. 그리고 조금씩 변해 가기 마련이다.

- 리더는 자신의 소신과 목표, 포부를 믿는다. 7전 8기 정신으로 성공할 때까지 노력하는 것이다.

- 리더는 자신을 뒷받침하는 자원이 풍부하다. 예를 들면, 누구에게 무엇을 물어야 할지를 잘 안다.

- 리더는 자신의 업무와 그 실행방법에 대한 열정으로 가득하다. 주변 사람들의 꿈과 비전에 동참하며 이를 펼쳐 나간다. 특히 자신의 말과 행동 하나하나로 타인에게 강렬한 인상을 남긴다.

- 리더는 배짱이 두둑하다. 소신을 굽히지 않고, 가정과 직장에서의 난관을 극복한다. 기업, 군대, 혹은 스포츠 등 어떤 분야든 '몸을 사리는 것'은 최선책이 아니다.

- 리더는 가진 것을 공동체에 환원하고 이웃과 나눌 줄 안다. 그럼으로써 남들을 고무시키는 것이다.

- 진정한 리더십은 타인이 그동안 꿈꾸지 못했던 원대한 목표를 성취하도록 곁에서 도와주는 것이다.

5장

리더는
직원들의 가치를 높이고 지원한다

요즘의 세계 경기침체는 쓰나미와 같이 직장을 동요로 휩쓸었다. 직원들과 기업들은 큰 타격을 입었다. 개인적으로도, 일로도 말이다. 그런데 힘든 시기를 이용해 대놓고 직원들을 부려 먹는 자칭 '리더들'이 허다하다. 그래서인지 오늘날 직장은 불만과 불신 및 잇따른 퇴사가 만연하고 있다. 경영진과 직원들 모두 구조조정에 벌벌 떠는 실정이다. 리더십에 대한 신뢰도 급락했다. 대기업 이사회에서조차 '고용안정'은 생소한 어휘가 되었다. 퇴사 후 조그만 가게나 사업체를 꾸리며 새로이 시작하려는 직장인들도 많다. 딱히 다른 선택권이 없기 때문이다.

그러나 이런 무서운 시나리오가 꼭 현실이 되라는 법은 없다. 키를 쥔 리더라면 고난의 시기에도 긍정적인 영향력을 발휘할 수 있기 때문이다. 리더들은 직원들이 최고의 자산 가치라

는 것을 이미 알고 있다. 그들은 직원들을 성공으로 이끌고, 영
감을 제시한다. 진정한 리더의 관심과 동기 부여는 직원들의 의
욕과 목적의식으로 그대로 이어진다. 그리하여 기업 전체가 빛
나게 되는 것이다.

경제가 어려울수록 리더십의 진가가 드러난다

현명한 경영인은 직장 스트레스를 줄이고 직원들의 열정과
헌신 및 생산성을 끌어올려야 한다. 그래서 모두의 목표치도
함께 상승시키는 것이다. 일종의 '도미노 효과'와 같은 파급효과
로 보면 되겠다. 경제가 난항을 겪을수록 리더십의 진가가 더욱
드러나는 이유가 뭘까? 바로 그때가 리더가 무리의 앞에 서서
본보기를 보일 절호의 기회이기 때문이다.

진정한 리더십은 시기에 관계없이 늘 성과를 낸다. 그렇지만
몇몇 연구에 따르면, 위기상황일수록 리더가 직원들의 열정과
참여를 자극하면, 실적이 더 크게 상승한다고 한다. 최근 헤이
그룹에서 실시한 연구결과도 이를 뒷받침한다. 집중력과 열정

이 충만한 직원들은 실적을 올리는 데 더 열심이라고 한다. 더불어 직원들의 직업 만족도도 증가한다고 헤이 그룹은 덧붙였다.

저희가 실시한 연구결과에 따르면, 불황에도 직원들에게 진솔하고 원활한 커뮤니케이션 및 분명한 업무 방향을 제시하고, 경영자에 대한 신뢰와 확신을 유도하는 기업은 투자수익이 증가했습니다.[1]

전무이사인 윌리엄 워헤인의 말이다. "전체적인 비용을 삭감하더라도 경영자와 관리자의 소프트달러(soft-dollar: 증권회사의 서비스에 대한 거래 수수료로 지불되는 돈) 투자로 직원들의 참여를 유도할 수 있습니다."

참여를 도모하는 '친근한' 리더십의 중요성이 아직 크게 와 닿지 않는가? 헤이 그룹의 통계자료를 좀 더 읽어보기로 하자.

－ 직원들의 참여를 도모하고 그들에게 기회를 주는 기업은 매출과 수익성이 크게 증가했다. 참여율이 상위 25%인 기업은 하위 25% 기업에 비해 매출액이 2.5배 높았다. 그러나 참

---

1 〈강경한 결정에도 직원은 굶지 않는다Tough Decisions in a Downturn Don't Have to Lead to Disengaged Employees〉, 헤이 그룹 발표, 2009년 8월 13일, www.haygroup.com/ww/Press/Details.aspx?ID=21404.

여와 기회 모두에서 상위 25%인 기업은 매출이 4.5배나 더 높았으며, 5년간의 자산, 투자 및 지분 수익은 업계 평균을 40~60% 정도 웃돈 것으로 나타났다.

- 직원 참여율이 높은 기업은 그렇지 않은 곳보다 고객 만족도가 약 22% 높았다. 직원들의 참여와 기회를 모두 살린 기업은 고객 만족도가 54%나 증가했다.

- 직원 참여율이 높은 기업은 그렇지 않은 곳보다 이직률이 40% 낮았고, 참여와 기회를 모두 살린 기업은 자발적 이직률이 54% 더 낮은 것으로 나타났다.

미시간 대학의 워크플레이스 리서치 재단도 직원들의 동기와 기업의 실적을 둘러싼 상관관계를 밝혀냈다. 연구 보고서인 〈국내 벤치마크 연구: 직원의 동기가 주가에 미치는 영향〉은 미국 내 840개 기업 직원 3,500명을 대상으로 약 7년간 조사한 결과다. 연구에 따르면, 직원의 참여도와 동기는 직원과 기업의 실적에 비례하는 것으로 나타났다.

직원들이 함께 일하고 싶은 리더는 어떤 모습을 하고 있을까? 유쾌하고, 도덕적이며, 긍정적인 인물일 것이다. 또한 근면하고, 열정적이며, 직원들에게 공정하고 정직하다. 게다가 듬직하며 유능한 데다 진솔하기까지 하다. 그런데 진정한 리더가 갖추어야 할 중요한 미덕이 하나 더 있다. 바로 직원들에게 자신의 그러한 자질을 전수하는 역량이다. 리더는 진정으로 직원들의 커리어 발전에 관심을 갖는다. 따라서 명령보다는 멘토링과 카운슬링으로 직원의 발전에 보탬이 되어야 한다.

직원의 잠재력을 일깨워라

요즘에는 자신 안의 잠재력을 발현시킬 영감이 부족한 사람들이 많다. 진정한 리더는 타인에게 바로 그런 영감을 불어 넣는 역할을 한다. 그렇게 싹튼 잠재력은 놀라운 실적과 직업 만족도, 개인의 성공(굳이 금전적인 쪽이 아니라도)으로 이어진다.

애버트 래버러토리사는 지난 123년간 기업 리더십의 본보기가 되고 있는 대규모 제약회사이다. 애버트 리더의 비전은 회사의 오랜 전통으로 직원들에게 전수되어 왔다. 회사 곳곳에 리더의 신념과 열정이 스며들어 있다고 해도 과언이 아니다. 나역시 제약협회 일원으로 애버트에 파견된 적이 있었다. 애버트는 '가장 일하고 싶은 직장' 순위에 꼬박꼬박 등재된 제약계의 거물기업이다. 그 명성에 걸맞게, 회사 경영 팀은 직원들에게 수년간 최상의 학습환경을 조성해 왔다. 즉, 뛰어난 사회 초년생 인재들을 '초급 직능계발 프로그램'을 통해 양성하는 데 큰 자부심을 갖고 있었던 것이다. 또한 본사는 높은 임금과 복리혜택 및 고차원적 경영 방침으로 유수의 과학자들을 유치해 왔다. 뿐만 아니라 젊은 직원들에게는 사내 다양한 부서와 함께 일할 기회를, 주부 사원들에게는 가사와의 균형 유지가 수월한 직장환경을 제공한다. 사회적 의무에 대한 의욕이 남다른 것이다. 최근 애버트는 주주 가치를 올리기 위해 의료기기와 리서치 기반 의약품 제조 업체의 두 분야로 회사를 나누기로 결심했다. 의료 개혁문제에 당면한 미국의 여느 대형 제약회사와 마찬가지로, 애버트사 역시 많은 고충을 겪었기 때문이다.

리처드 루거 상원의원의 예도 크게 다르지 않다. 그는 자신의 비범한 이력과 직위를 앞세우는 법이 없다. 그 대신 타인에게 관심을 갖고, 자신의 지혜와 노하우를 나눠 준다. 상대방에 항상 귀 기울이는 자세도 몸소 보여준다. 비단 대통령이나 동료 의원들에게만 그런 것은 아니었다. 그가 점심시간에 인턴들과 의사당 주변을 거닌다는 소문이 파다하다고 한다. 유적지의 유례, 각각의 기념비와 기념관의 역사에 대해 그들에게 친절히 가르쳐 준다는 것이다. 게다가 굵직한 상원 위원회 회의라도 열리면, 인턴들이 현장의 흐름을 체험하고 배우도록 참관을 허용한다는 후문이다. 그가 직원들로부터 존경을 받고, 그들과 원활한 대인관계를 조성하는 비결은 한마디로 '관심'이다. 때문에 그에게서 수많은 교훈을 배우고자 젊은이들이 그의 곁으로 삼삼오오 모여드는 것이다.

기업문화를 육성하라

'보스의 마인드'를 가진 사람은 기업문화를 무엇이라 생각할까? 단순히 직장에서 '금요일에는 사복'을 입는 규율을 제정하는 정도의 피상적인 것으로 볼 것이다. 하지만 리더라면 그런 슬로건보다 훨씬 의미심장한 개념을 떠올린다. 진정한 리더와 그의 비전을 잇는 가장 중요한 연결고리는 바로 그의 개인적 가치관이다. 그가 몸소 살아가며 남에게 보여주고, 또 가르치는 가치관 말이다. 이런 개인적 가치관은 기업 조직의 구석구석에 배어든다. 그리고 나아가 '기업문화'를 창조하기에 이른다.

문화는 가치관의 산물이다. 따라서 기업문화의 경우, 창업주나 현역 CEO의 가치관에서 시작한다고 볼 수 있다. CEO의 도덕관념이 투철하다면, 회사도 윤리적일 확률이 크다. 하지만 CEO의 가치관이 흐리멍덩하다면? 기업문화도 결국에는 색깔이 희미해질 수밖에 없다.

기업에는 그 자체의 독특한 비전이나 사명, 혹은 전략기획안이 있다. 이 모두가 기업문화에 영향을 미친다. 기업문화의 육성은 바람직한 근무환경을 조성하려는 의도적인 노력의 일환이다. 물론 한 조직의 문화는 시대와 장소, 혹은 관련 인물에 따라 그 모습이 제각기 다를 것이다. 하지만 각각의 문화는 조직이 누구에 의해서 어떻게 운영되는가의 양상을 크게 좌우한다. 예컨대, 노트르담 대학의 문화는 창립 당시의 가톨릭 고등 교육기관 운영 철학의 영향을 크게 받았다.

바람직한 기업문화는 핵심 목표를 중심으로 사람들을 모은다. 그들에게 단합력 및 안정감을 느끼게 해 주는 것이다. 또한 기업문화는 동종 업계뿐 아니라 시장에서도 제 기능을 해야 한다. 만약 시장이 기업의 문화를 인정하지 않는다면, 제품이나 서비스도 좀처럼 통용시키지 않을 것이다. 그렇게 되면 기업은 번창하기 힘들다.

위대한 리더는 기업문화와 지역사회, 그리고 매출이 서로 긴밀히 연결되어 있음을 잘 안다. 강력한 기업문화야말로 사람들을 하나로 모으고, 그들에게 단순한 제품과 서비스를 뛰어넘는 '목적의식'을 심어 준다는 것을 깨닫는다. 또한 리더는 직원들을 최고의 자산으로 여긴다. 따라서 직원들에게 아낌없이 투자하고 그들의 의욕을 불러일으킨다. 진정한 리더라면 사실, 직원들에게 바라는 바가 많다. 자신이 가르쳐 준 모델을 직원들도 그대로 따를 거라고 기대하기 때문이다. 말하자면 청렴과 같은 가치관을 비롯해, 전통을 쌓아 나갈 소신, 그리고 시장의 힘에 의해 무너지더라도 꿋꿋이 일어서는 탄력성 등을 말이다. 기업문화는 그냥 내버려 두면 퇴화되기 십상이다. 변화를 기피하여 정체되는 탓에, 직원들은 결국 환멸감과 불만에 휩싸일 것이다.

데이비드 브랜든도 현 시대 리더 중의 리더이다. 그는 미시간 대학의 체육부 총감독이자 도미노피자 체인의 전 CEO였다. 그는 주변에 '정예 요원'을 둔 것으로 유명했다. 높은 이상을 추구하고, 최고를 향해 자신을 끊임없이 채찍질하는 직원들 말이다. 그들은 도덕성과 성실함이 남다르고, 규정을 엄수하며, 정정당당한 승부를 한다. 브랜든은 자신이 직접 롤 모델이 되어 타인에게 그러한 덕목을 몸소 가르쳤다. 아무런 허세도 없이 힘든 수고도 마다하지 않았고, 스스로에게 원하는 것 이상을 직원들에게 요구하지 않았다. 말하자면 그는, 도움이 필요할 때 항상 곁에 있어 주는, '인간다운' 리더였던 것이다.

기업 내부를 한번 들여다보자. 기업문화와 지역사회가 서로 끈끈하게 연결된 경우가 많을 것이다. 구글, 페이스북, 애플 등, 실리콘 밸리에 기반을 둔 기업들 상당수가 '가장 일하고 싶은 기업' 리스트에 늘 오르는 것은 우연이 아니다. 인상적인 기업문화와 지역사회와의 유대감, 모방할 수 없는 창의성을 과시하기 때문이다. 각 기업의 리더십이 그 같은 강점들을 탄생시킨 것이다. 매사추세츠 공과대학MIT의 티모시 스터전 교수는 『실리콘 밸리의 탄생How Silicon Valley Came to Be』에서 "새로운 테크놀로지를 '가지고 놀고' 싶은 욕구가 실리콘 밸리 기업 성공의 원동력이 되었다"고 밝혔다.

직원들의 공로를 인정하고 보상하라

직장에서 공동체를 발전시킬 묘안 중 하나는 직원들의 '오너십(ownership, 소유권)'을 인정하는 것이다. 리더는 한 업무를 완수하며 느끼는 노고와 자긍심을 참여 직원들 모두와 나누는 것이 중요함을 안다. 따라서 업무의 성공이나 새로운 발명 및 발견에 이바지한 공로를 혼자 가로채지 않는다. 그것이 재정적 보상이든 뭐든 간에 말이다. 리더로서 직원들과 문제의 해결책을 찾기 위해 호흡을 맞춘다고 가정해 보자. 이때 가장 중요한 리더의 임무는 무엇일까? 그리 복잡한 건 아니다. 그저 직원들이 스스로 해결안을 내도록 방향을 잡아 주고, 개념 및 절차를 제시해 주기만 하면 된다. 이미 본인이 답을 알고 있어도 말이다. 그러면 직원들은 '오너십'에서 오는 자부심을 만끽할 것이다. 즉, 특정 아이디어가 '자신의 것'이라는 전제가 깔리면 직원들은 좀 더 자신을 쏟아부으며 업무에 매진하게 된다. 직원들의 '오너십' 형성을 지켜보면, 리더로서의 보람도 한층 커진다. 그 과정을 통해 오히려 배울 점이 더 많을 것이다.

인적자본은 당연시 여겨서는 안 되는 소중한 자원이다. 물론 낭비해서도 안 된다. 혹시라도 그랬다간 조만간 기업의 실적이 고전을 면치 못할 테니까. 요즘 직장에서의 끊이지 않는 잡다한 아우성들을 들어 보라. 기업과 경영진은 마치 인적자본이 성공의 원동력이라는 사실을 까맣게 잊고 있는 듯하다. 자신들의 리더십 비전을 구현해 줄 주역이 바로 직원들과 지역사회라는 점을 대수롭지 않게 생각하는 것이다.

주로 중서부에 지점들을 두고 있는 마이어사의 전 CEO인 프레드 마이어는 현지 비즈니스 사회에서 엄청난 부와 권력을 거머쥔 인물이었다. 그럼에도 그는 겸손했고 이웃에게 관심을 갖고 동질감을 느꼈다. 결코 허세를 부린 적도 없었다. 그는 버터워스 병원 재단 이사회 회원이었는데, 병원 직원들에게 무료 아이스크림 쿠폰을 나누어 주기 위해 일찌감치 회의장에 도착하곤 했다.

리더라면 결코 직원들을 등한시해서는 안 된다. 그들의 수고를 인정하고 공로를 돌려주자. 사람은 천성적으로 칭찬을 받아

야 하는 존재다. 이는 인간의 내면에 기인하는 본능이다. 리더
와 기업들은 이 점을 인정해야 한다. 그리고 그에 걸맞은 행동
을 취해야 한다. 직원들이 업무를 훌륭히 완수하거나 참신한
아이디어를 낸다면 주저 없이 이를 칭찬하라. 개인, 팀, 나아가
지역사회의 실적이 상승할 것이다. 미래의 업무에 대한 의욕도
심어 줄 수 있다.

빌 월시는 전설적인 샌프란시스코 49ers의 풋볼 코치이다.
하지만 그의 팀이 NFL과 슈퍼볼에서 우승하고, 그가 풋볼의
전략적인 천재로 불리는 게 그의 명성의 전부는 아니었다. 전
프로 쿼터백 출신인 스티브 영의 말을 빌리면 월시는 "상대방의
잠재력을 읽는 능력"으로 널리 존경을 받았다.

현시점이 경제적 위기라는 건 누구나 다 아는 사실이다. 하지
만 진정한 리더는 이런 때가 직원들에게 보상해 줄 최적의 시기
임을 잘 안다. 물론 그 보상이 연봉 인상이라면 제일 좋을 것이
다. 하지만 불황에 그렇게 할 여력이 되는 기업이 많지는 않을
것이다. 그렇다고 불황이 직원들의 성과를 대충 넘겨 버리는 핑
계가 돼서는 안 된다. 직원들을 '띄워 줄 수 있는' 절호의 기회가
바로 지금이 아니겠는가? 경기침체에도 수익이 꾸준히 올라갔
다거나(대단한 성과다!) 팀이 단합하여 중요한 거래를 성사시켰
면 정말이지 자축할 일이다.

리더인 당신이 직접 특별 이벤트를 세심하게 준비해 보는 건 어떨까? 단순히 흥미 위주의 파티를 열라는 뜻은 아니다. 리더의 본분에 맞게, 이벤트를 통해 직원들에게 무엇을 전달할지를 진지하게 생각해 보라는 것이다. 상위 실적인 직원들을 치하하거나, 새로운 마케팅 전략을 선보이는 것도 좋을 것이다. 팀원들의 도움을 받아 지역사회의 주목할 만한 신제품 및 서비스를 소개하는 것도 좋다. 특별 이벤트는 제대로만 진행하면(거창한 준비는 필요 없다) 기업의 소명의식과 문화를 강화하고, 조직의 자부심을 드높이는 계기가 될 수 있다.[2] 이 모든 것이 기업 내 지속적인 성장의 밑거름이 된다. 휘황찬란한 이벤트를 계획하기보다는 가벼운 점심이나 저녁으로 직원들에게 감사의 자리를 마련해 보자. 당신이 항상 직원들을 생각하고 그들의 노고에 감사한다는 인상을 줄 수 있을 것이다.

특별 이벤트는 직원들뿐 아니라, 지역사회에도 긍정적이고 강력한 메시지를 전달할 수 있다.[3] 그러면 특별 이벤트가 전달하는 메시지의 효과를 살펴보기로 하자.

– 직원 및 고객들, 이사회, 납품 업체, 투자자들, 언론에 자

---

2 리치 K. 아이흐, 〈명성의 경쟁우위A competitive edge in reputation building〉, 『벤투라 카운티 스타』, 2008년 12월 6일.
3 리치 K. 아이흐, 〈세인트 조의 축제The St. Joe's Gala: A Benefit with A Purpose〉, 『병원 개발 협회 저널National Association for Hospital Development Journal』(겨울/ 봄호 1983년).

신감과 사기를 불어넣을 수 있다.

- 기업의 인지도를 높일 수 있다.

- 재정난에 시달리며 무너졌을지 모를 '울타리'를 복구할 수 있다.

- 기업의 핵심 가치관과 전통 및 바람직한 문화를 회복·강화할 수 있다.

- 기업의 역사와 전통 및 핵심 메시지를 널리 전할 수 있다.

- 기업에 대한 지역사회의 인식을 높이고 개선할 수 있다.

- 기업의 미래에 대해 낙관적인 전망을 할 수 있다.

- CEO와 경영진이 비즈니스의 방향과 기업의 장기적인 건재를 보고할 좋은 기회가 된다.

- 한결 편한 분위기에서 각계각층의 직원들이 소통할 수 있을 것이다.

직원들 각자가 흥미를 느끼는, 긍정적인 변화를 추구하는 취지의 지역사회 이벤트를 찾아 참여할 것을 권장해도 좋다.

지역사회의 공로를 치하하여 지역사회 내 기업의 브랜드 이미지를 높이는 것도 중요하다. 브랜드의 본질이란 따지고 보면 기업의 인지도와 입지, 사명 및 가치관 등을 단번에 전달하는 기능이다. 또한 소비자의 입장에서 브랜드란, 자신이 얼마나 특정 기업을 신뢰하고 그 기업의 제품 및 서비스를 원하는지에 대한 즉각적인 반응이라고 할 수 있다. 따라서 세심히 기획한 지역사회 감사 이벤트나 '오픈하우스'(공장이나 사무실 등을 일반인에게 공개하는 것)는 브랜드 이미지 쇄신에 큰 도움이 된다. 뿐만 아니라 지역사회에서 기업의 브랜드가 현재 어떤 입지에 있는지를 가늠하는 기회도 될 것이다. 지역사회가 브랜드를 어떻게 인식하는지에 따라 기업의 성패가 좌우된다고 해도 과언이 아니다.

그러나 특별 이벤트도 역효과가 날 수 있음을 주의할 필요가 있다. 전달할 메시지가 불투명하거나, 이벤트를 꾸려 나갈 적절한 직원들이 없다면 말이다.

물론 특별 이벤트는 주로 직원들을 위한 자리이다. 하지만 CEO에겐 지역사회의 지도층을 초대하여 기업과 직원들을 좀 더 가까이에서 보여줄 기회가 될 수도 있다. 따라서 이벤트의 주된 목적에서 벗어나지만 않는다면, 실리를 생각해 지역사회 주민 및 지도자들을 초대하는 것도 좋을 것이다. 지역사회와 함께 기업문화를 나눌 절호의 기회이니 말이다. 그러나 경영진이 지도자층 앞에서 자신들을 미화하는 데만 급급해한다면? 이벤트는 용두사미 격이 될 게 뻔하다.

기업의 구조를 개선하거나, 새로운 시장에 진출할 계획을 앞두고 이벤트를 여는 것도 바람직하다. 직원들의 '오너십'을 확대할 촉매제 역할을 하기 때문이다. 이는 직원들이 '새로운 방향으로 함께 나아간다'는 인식을 높이고, 추진력을 발휘하게 하기도 한다.

진정한 리더는 지역사회에 환원한다

여태껏 살펴본 바와 같이, 리더십은 그 모양새가 다양하다. 격식을 차릴 때도, 그러지 않을 때도 있다. 눈에 잘 띄기도 하지만, 잘 드러나지 않을 때도 있다. 리더는 이와 같은 다양한 모습의 리더십을 발휘해 지역사회에 '되돌려 주어야' 한다. 그렇게 할 때 타인에게 롤 모델이 되는 것이다. 상대적으로 교육을 덜 받고, 물질적으로 부족한 이웃들을 돕는 것은 '늘 겸손하고 남을 배려하는 인생을 살라'는 교훈을 '내일의 리더'에게 가르치는 것과 매한가지이다.

더스티 베이커는 전설적인 메이저리그 감독으로, 야구 이외의 분야에도 큰 유산을 남긴 인물이다. 그는 메이저리그에서는 유일하게 '올해의 감독상'을 세 차례나 수상했다. 현재 신시내티 레즈 감독으로 활약 중인 그는 애틀랜타와 로스앤젤레스, 샌프란시스코 및 오클랜드에서 통산 16시즌을 뛰었다. 또한 월드 시리즈에 세 차례나 진출했으며, 1981년에는 우승기를 거머

쥐었다. 뿐만 아니라 LA 다저스 팀의 올스타 선수, 샌프란시스코 자이언츠 팀의 올스타 감독으로 선정되기도 했다. 하지만 스포츠 리더십으로 얻은 명예와 존경, 수상경력을 떠나 베이커는 사회 환원의 가치를 믿은 위대한 리더였다.

그는 전립선암 선고를 받았다가 완치된 적이 있었다. 그 후, 전립선암 교육 보급에 도움을 주고 싶다는 생각을 하게 되었다고 한다. 그는 전립선암 연구 및 치료를 위한 기금 마련에 적극 나섰다.

이 땅에 자신이 태어난 목적이 무엇인지 궁금할 때가 있죠? 저는 야구가 제 인생의 유일한 목표라고는 생각지 않습니다. 암 정복의 중요성을 널리 홍보하고, 암환자들을 돕는 것도 제 소명이 아닐까 싶습니다.[4]

베이커의 말이다. 그는 비영리 단체인 더스티 베이커 국제야구학교를 설립하기도 했다. '자신감과 자율성 및 자립성 계발'이라는 기치 아래 후진 양성에도 매진한 것이다. 사무실 벽에 걸어 둔 랠프 월도 에머슨의 격언은 그의 스포츠맨십과 학식 및

---

4   리치 K. 아이흐, 〈베이커 자이언츠 감독, 전립선암 완치Giants Manager Baker Bats a Thousand in Prostate Cancer Treatment〉, 『스탠포드 리포트』 (2002년).

인류애가 골고루 결합된 가치관을 잘 드러내고 있다.

> 큰소리로 자주 웃고, 지성인의 존경과 아이들의 사랑을 받으라. 솔직한 비평가로부터 칭찬을 받고, 동시에 그릇된 친구의 배신도 감내하자. 아름다움의 가치를 깨닫고, 타인의 장점을 주로 보라. 건강한 자식, 혹은 푸르른 정원에서부터 불합리에서 벗어난 사회환경에 이르기까지 세상에 뭔가 의미 있는 것을 남기자. 당신으로 인해 단 한 명의 삶이라도 더 숨통이 트이게 하라. 그래야 비로소 성공했다고 할 수 있을 것이다.[5]

리더는 후진을 위해 유산을 남긴다

역사를 돌이켜보면, 성공한 리더의 조건은 그의 성취가 '시간의 흐름에도 퇴색되지 않고 유지되었는가'라는 점을 알 수 있다. 요즘의 글로벌 경제는 하루가 멀다 하고 요동치고 있다. 그래도 성공의 척도는 예나 지금이나 다르지 않다. 진정한 리더는 시기나 환경에 관계없이 주변 사람들의 삶을 긍정적으로 변화시킨다. 일터에서의 삶이건, 일상의 삶이건 간에 말이다.

---

5 〈조니 B. (더스티) 베이커Johnnie B. (Dusty) Baker〉, 더스티 베이커 야구 캠프, www.dustybakerbaseballcamp.com/doc.asp?id=4.

진정한 리더는 후진을 위해 유산을 남긴다. 이는 획기적이고 어마어마한 규모의 것일 수도 있다. 마치 레이 크록이 맥도날드의 비즈니스 모델을 창시해서 패스트푸드 업계에서 돌풍을 일으키거나, GE의 잭 웰치가 흔들리는 회사를 최강기업으로 부상시켰듯이 말이다. 하지만 유산의 규모가 항상 그렇게 거창해야 하는 건 아니다. 루거 상원의원이 워싱턴 DC 집무실에서 인턴의 멘토가 되어 준 사례를 떠올려 보자. 새내기와의 회동을 위해 흔쾌히 시간을 내려는 마음 씀씀이는 쉽사리 잊히지 않는 귀감이 된다. 이것도 크나큰 유산이다. '내일의 리더들'의 리더십 계발에 큰 도움이 되는 유산은 그들이 리더가 되었을 때 그대로 밟아 나갈 전례가 될 것이다.

롤 모델

의료 업계에서 일했을 때, 나는 여러 유능한 의사들과 호흡을 맞추는 특권을 누렸었다. 그중에는 뛰어난 의술만큼이나 인류애가 투철한 전문의들도 있었다. 9년간 리처드 슈라이너 박사와 일한 때가 생각난다. 당시 그는 인디애나폴리스에 소재한 라일리 어린이 병원의 소아과장 및 의료 총괄로 몸담고 있었다. 신생아 학자인 슈라이너 박사는 소아부를 한층 개선하여 인디애나를 비롯한 미국 전역 어린이 병원의 모델로 격상시켰다.

처음에 슈라이너는 이렇다 할 경영자 과정을 수료하지 않고 선뜻 소아부를 맡았다. "어린이들에게 가장 훌륭한 의료 서비스를 제공하겠다"는 열정만 있었을 뿐이었다. 그런데도 오늘날, 그의 인격과 성공을 향한 포부는 현대의 리더라면 반드시 본받아야 할 자질이 되었다. 그의 품성에 대해 살펴보기로 하자.

- 전문적인 식견이 탁월하면서도 그 누구보다 겸손하다.
- 비즈니스 비용은 최소화하려 애쓰지만, 환자와 가족들에게는 씀씀이가 후하다.
- 유능하고 서로를 챙겨 주는 의학부 소속 의료 팀을 채용 및 보유할 수 있는 겸손과 지혜를 발휘한다.
- 직원들의 든든한 후원자이다. 직원들 간에 화합을 권장하고, 어린이 환자와 부모 및 가족에 친절을 베풀도록 격려하는 것이다. 하지만 업무에 시시콜콜 개입하진 않는다.

현재 라일리 어린이 병원 로비에는 슈라이너의 동상이 서 있다. 물론 그가 스스로 그런 후한 대접을 원했을 리는 없다. 그의 동료가 많은 주변인들의 후원을 받아 한 십대 조각가에게 의뢰한 것이다. 동상은 슈라이너의 모습을 꼭 닮은 실물 크기로, 그가 얼마나 소아과 분야의 권위자인지를 잘 보여주고 있다. 슈라이너야말로 오늘의 라일리 어린이 병원을 전미 일류로 만든 진정한 리더인 것이다.

당신의 회사는 행복이 넘치는 곳인가?

당신의 직장, 혹은 회사는 행복이 넘치는 곳인가? 진지하게 생각해 보자. 만약에 누군가가 당신의 사무실에 들어온다면 어떤 첫인상을 가질까? 만약 행복하고 보람으로 가득한 곳이라고 생각한다면 좋은 신호이다. 리더십이 제대로 발휘되고 있다는 뜻이니까. '행복한 직원이 최고의 직원'임은 절대 부인할 수 없는 사실이다. 리더가 '팀의 공로를 인정하고 칭찬하는가'에 따라 팀의 실적이 결정되다시피 하는 경우도 많다.

당신이 매기는 직장의 '행복 지수'는 몇 점인가? 만약 점수가 낮다면, 좀 더 행복하고 생산적인 직장을 위해 당신이 구체적으로 할 수 있는 일은 무엇인가? 회사와 경영진은 직원들의 성취를 치하하는가? 아니라면 그 까닭은 무엇일까? 이를 변화시킬 수 있는 방법은 없을까?

긍정적인 기업문화는 직원들의 결근율을 낮추고, 사기를 높이며, 생산성을 향상시키는 데 도움이 된다. 리더라면 늘 낙천적인 태도로 직원을 상대해야 한다. 이를테면 웃는 얼굴로, 유머를 섞어 가며 말을 건네는 것이 좋다. 항상 그들을 돕는다는 마음으로 대하라. 진정한 리더는 직원들에게서 높은 수준을 기대한다. 그만큼 스스로 본보기가 되기 위해, 정직한 헌신과 성실성 및 강인한 정신력을 몸소 실천한다. 이는 곧 기업문화 및 회사 운영 방침에 큰 영향을 미친다. 타 기업들에 비해 기업문화의 색깔이 특히 뚜렷한 회사도 존재할 것이다. 하지만 어떤 기업문화라도 회사의 인사관리와 직장윤리 및 대인관계(직원들과 고객 및 지역 주민들 간의)에 영향을 미치기 마련이다. 비교적 최근 조성된 기업문화가 있는가 하면, 예부터 전통으로 이어져 내려오는 문화도 있다. 이처럼 일찍이 확립된 기업문화가 꾸준한 성공으로 이어진 회사로는 GE와 프록터 & 갬블 포 시즌스, 애버트, 휴렛패커드, IBM, BMW 등이 있다.

꼭 카리스마가 있거나, 키가 크거나, 외모가 준수하거나, 재산이 많아야 리더로 성공하는 것은 아니다. 타인이 성공하도록 곁에서 도움을 주는 것이 열쇠이다. 그 외에, 남들에게 영감을 주는 리더가 되기 위해 필요한 자질은 무엇일까? 이러한 자질을 배우고, 내재된 리더로서의 역량을 강화하려면 어떻게 해야 할까? 리더십의 부재 앞에서, 당신의 내면에 꿈틀대는 리더십을 향한 열정을 끄집어낼 방법은? 타인의 리더십도 자극할 수 있는 비결은 무엇일까?

다음은 리더십의 입지를 강화할 구체적인 방법을 열거한 것이다.

- 적시에 타인을 칭찬해 주도록 하자. 또 평소에는 그에게 발전적인 카운슬러가 되어 주는 것이 좋다. 리더는 스승도 되어야 함을 잊으면 안 된다.
- '팀'이라는 틀은 항상 보장해야 한다. 하지만 필요할 땐 선봉에 나서거나, 다른 이에게 리더십을 위임할 수 있어야 한다.
- 늘 팀원들을 지지하고 그들의 발전을 도모해야 한다.
- 리스크를 감수해야 한다. 성공의 걸림돌이 있다면 제거해 주는 것이 효과적이다. 기업과 팀원들의 역량을 키울 수 있도록 말이다.
- 팀을 위해 희생하라.
- 직원들의 성공을 응원하는 치어리더가 되어야 한다.
- 팀원들의 공로를 인정해 주어야 한다. 당신의 팀이 기업 전체의 성공에 매우 중요하다는 점을 강조하라.
- 팀원들에게 당신의 리더십에 대한 정기적인 피드백을 부탁하는 것이 리더십 연마에 도움이 된다. 직장은 정체된 장소가 아니다. 따라서 배움과 리더십은 항상 같이 계속돼야 한다.

- 직원들의 불만과 불신은 실패한 리더십의 결과이다.

- 리더는 타인의 본보기가 되며 경쟁에서 승리한다. 모범적인 리더십은 직장 스트레스를 해소하고 직원들의 열정과 헌신 및 생산성을 끌어올린다. 또한 기업의 수익을 증대시킨다.

- 리더의 비전과 가치관은 기업의 근간이 된다. 리더가 자신의 가치관과 비전을 몸소 실천해 나가면, 그것이 기업 곳곳에 스며들어 기업문화가 탄생하는 것이다.

- 창의적인 기업문화가 지역사회와 만날 때, 기업의 수익도 올라간다.

- 리더는 한 발짝 뒤로 물러설 줄 안다. 그래서 직원들이 직접 아이디어를 내거나 업무를 수행할 기회를 준다. 리더는 단지 아이디어 및 방향을 제시하거나, 곁에서 과정을 돌봐 주면 된다. 직원들이 스스로 해결책을 찾도록 말이다.

- 리더는 직원들을 편애하지 않는다. 대신 의도적으로 평등한 조건을 마련해 준다. 직원들 각자가 낸 아이디어가 오직 그 진가에 의해 평가되도록 말이다. 객관적인 수행평가만이 '편들기'의 폐단을 없앨 수 있다.

- 리더십은 작고 사려 깊은 행동에서부터 시장의 판도를 뒤집는 전략에 이르기까지 방법이 다양하다. 그러나 공통점은 있다. 바로 후진이 따를 수 있는 리더십의 모델을 남긴다는 것이다.

- 불황이라고 직원들을 옥죈다거나, 그들의 성과를 무시해서는 안 된다. 경제위기에 기업이 현상 유지에 그치지 않고 계속 발전해 나가려면 말이다. 위기 앞에 더 열심히 일하는 직원들이 있다면, 그 공로를 인정하고 칭찬하자.

- 리더는 떠날 때를 안다. 눈치 없이 계속 엉덩이를 붙이는 손님과는 달리, '남들이 박수 칠 때' 떠나는 것이다.

Strategy for Successful Leadership

성공적인
리더십을 위한 전략

———

탁월한 경영자는 자신이 지명한 직원들이 임무를 수행할 때
사사건건 개입하는 것을 자제한다.

테오도어 루즈벨트

———

6장

진정한 리더는
언제 물러설지를 안다

위대한 리더는 늘 독무대를 찾아 헤매는 이기주의자가 아니다. 모든 공로를 가로채지도, 대중의 격한 찬사를 바라지도 않는다. 그 대신, 한 발짝 물러선다. 타인의 빛나는 성취를 그저 지켜보는 것이다. 타인이 성공할 기회를 가져야, 자신의 성공도 뒤따른다는 것을 너무나 잘 알기 때문이다. 진정한 리더들은 조직의 '미래 리더 양성'을 자신들의 목표로 삼는다. 이는 파급효과가 큰 기업문화의 일환인 셈이다.

"리더가 누구에게 공이 돌아가는지 개의치 않을 때 얼마나 큰 성과를 이루는지를 알게 되면 놀랄 것이다."

내가 입버릇처럼 하는 말이다.

1장에서 남을 위한 무대를 세워 주는 리더십의 중요성을 피력한 오바마 대통령의 철학이 기억날 것이다. 이처럼, 리더는 무대를 만들고 언제 부하를 무대에 세워야 할지를 안다. 언제 입 다물지, 언제 자신이 자리를 비켜 줘야 하는지도 말이다. 이 같은 리더십은 직원들에게 공동 오너십의 중요성과 자신의 발전 가능성을 깨닫게 한다. 나아가, 기업이 시장의 형편에 발 빠르게 대응하는 데 도움을 준다. 안일주의가 속결주의로, 독재주의가 기업가 정신으로, 재래식 사고가 혁신적인 사고로 탈바꿈할 때 비로소 기업은 타 업체보다 경쟁우위에 서게 될 것이다. 더불어, 팀원들도 업무에 보람을 느끼고, 더 큰 성과를 일구어낼 수 있을 것이다.

촉진제 역할을 자처하라

미시간 대학의 앨런 스미스는 타인을 위한 기반을 마련하고, 곁에서 조직의 성공을 지켜볼 줄 아는 리더의 전형이다. 그는 각 분교 학장 및 연구소장들에게 실권을 위임함으로써 교내 분권 시스템을 강화했다. 이러한 리더십 접근법은 오늘날까지 이어지며 미시간 대학 교내 각 부서의 '오너십' 형성에 크게 기여했다. 앞 장에서 언급했듯이, 오너십이 높은 실적으로 이어진 것은 두말할 나위가 없다.

하지만 안타깝게도, 이러한 오너십의 분산은 대부분의 기업에서는 관례가 아니다. 민간·공공 부문을 떠나서 말이다. 대개는 리더가 지휘권을 갖고 무대의 전방과 중앙에서, 혹은 직원들 머리 위에 대고 직접 호령한다. 물론 업무의 성패에 따라 칭송을 받든가, 책임을 지고 물러서는 것도 리더의 몫이긴 하다. 하지만 '보스'는 어떨까? 대부분 문제가 발생하면 사퇴는커녕 남에게 책임을 덮어씌우기 급급하다. 그래서 간부 및 직원들의 실망과 원성은 한층 깊어진다. 리더가 직원들의 역량을 최대한 살리고자 한다면 굳이 본인이 전방과 중앙을 고집할 필요는 없다.

성공을 노리는 리더라면 '촉진제' 역할을 자처해야 한다. 타인을 교육하고, 훈련시키고, 후원하며, 지도하는 역할 말이다. 그리고 나서 그들의 성공을 위해 자리를 비켜 주어야 한다. 말하자면, 리더의 본분은 팀원들(직원이건, 간부이건)을 훈련시켜 정한 목표를 달성하고, 각자가 공로를 인정받도록 돕는 것이다. 아니면 최소한 곁에 있어 줌으로써 함께 나아갈 수 있어야 한다. 또한 리더는 팀원들이 목표를 이해하고 지지하도록 돕는다. 목표에 적극 참여하고 수행 절차를 존중하도록 단결을 이끌어내야 한다. 물론 팀원들도 리더의 목표와 가치관, 인성 및 신념을 파악하려는 노력이 필요하다. 리더의 목표를 향한 의지와 성취 가능성을 확고히 믿고 따르는 자세도 중요하다.

변화의 중심에 서라

사실, 변화를 반기는 이는 그다지 많지 않다. 특히나 규모가 큰 조직에서 변화를 일으킨다는 건 정말이지 만만한 일이 아니다. 그러나 리더라면 모름지기 용기와 결단력, 인내심 및 능숙한 대인기술로 '변화의 수레바퀴'를 돌릴 줄 알아야 한다. 앞으로의 존속가치가 예상되는 변화의 '창시자'가 돼야 하는 것이다. 변화를 위해 직원들을 훈련시키는 방법을 비롯해, 언제, 어떻게 변화의 중심에서 물러설지도 안다. 직원들이 변화를 받아들이고, 스스로 '오너십'을 키울 수 있게 말이다. 이 모든 과정이 지속적인 리더십 아래에서 일어나야 함은 물론이다. 변화를 위해 리더가 밟아야 할 첫 수순은 뭘까? 다가올 변화에 대비한 직원 훈련의 중요성을 깨닫는 것이다. 적절한 수단 및 훈련 전략을 활용하면 리더와 팀원들 모두 성공에 성큼 다가설 수 있다. 그러나 제대로 된 리더십이 없다면? 사실, 오늘날의 많은 기업들이 근시안적 시각에서 벗어나지 못하고 있는 실정이다. 직원 훈련 및 준비과정에 시간과 자금을 투자할 여유가 없어 미래를 내다보지 못하는 것이다. 결국은 기업의 현상유지조차 쩔쩔매게 될 뿐 아니라 전체적인 실적도 추락하게 된다. 직원들마저 불만에 쌓여 의욕을 상실한다. 그도 그럴 것이 변화에 필요한 훈련을 받지 못해, 업무를 제대로 수행하기 힘들기 때문이다. 그렇게 되면, 열악한 경제사정과 경색된 고용시장에도 불구하고 직원들은 회사를 떠나 버릴지도 모른다. 회사가 골머리를 썩거나, 대체 인력을 구하는 데 많은 비용이 드는데도 거들떠보지 않고 말이다.

> 현재의 대세에 저항해 봤자 사정은 달라지지 않는다. 대세를 뒤집을 만한 새로운 모델을 창출해야만 비로소 개혁의 주인공이 될 수 있다.[1]
>
> R. 버크민스터 풀러

전략적 행동으로 성공을 이끈 또 다른 리더로 윌리엄 J. 크로우 제독을 꼽을 수 있다. 그는 1989년 내가 공보처에 근무할 때 합참의장으로 활약했다. 당시 공보처는 정보장교 팀과 사병들, 그리고 전 세계에서 명령을 수행하던 군무원들로 구성되어 있었다. 팀원들은 진행 중인 작전 및 현황을 훤히 꿰고 있어야 했다. 즉각적인 대응력과 융통성도 필요했다. 어떤 업무라도 척척 해 내는 능수능란한 정보 팀도 중요한 역할을 했다. 정보 팀의

---

1 버크민스터 풀러, 『크리티컬 패스*Critical Path*』(세인트 마틴스 그리핀 에디션, 1982년), 251.

업무 처리 능력이 뛰어났던 까닭은 당시 군사작전이 벌어지고 있었기 때문만은 아니었다. 뛰어난 리더십의 파급력이 워낙 컸던 덕이었다. 크로우는 이례적으로 박사학위를 취득한 사령관이었다. 정보 팀이 전 세계에 파견된 장교들을 실시간으로 도울 환경을 조성할 정도로 유능했던 것이다. 덕분에 팀원들은 일을 즐기며 할 수 있었고, 또 훌륭히 해 냈다. 사람들로부터 늘 감사와 인정을 받는 후한 대접을 받아, 더욱 신나게 업무에 최선을 다했다. 물론 퇴직하려는 팀원들도 거의 없었다고 한다.

열정은 전염성이 강하다

열정은 전염성이 강한 감정이다. 진정한 리더는 열정을 본인과 기업에 득이 되도록 활용할 줄 안다. 톰슨과 크로우는 팀을 꾸려나가는 비법을 터득한 리더들이었다. 특히 그들의 목표를 향한 열정이 팀원들에게 '전염'된 것이 최상의 결과를 만들어 낸 비결이었다. 팀원들은 항상 최선을 다하려 노력했다. 열정적인 리더의 기대에 부응하고 싶었기 때문이다. 비즈니스적 관점에서 봤을 때, '열정'은 직원들에게서 정해진 목표를 초과달성할 정도의 추진력을 이끌어내는 힘이 있다. 그 목표라는 것은 소박하고 개인적인 것일 수도, 혹은 그 파급효과가 엄청나게 큰 것일 수도 있다. 경우야 어떻든, 목표의 성패를 판가름하는 것은 리더십에 달렸다고 해도 과언이 아니다.

목표와 변화는 그 규모와 정도에 관계없이 늘 진정한 리더십에서 출발한다. 리더는 팀을 훈련시킨 뒤, 목표를 향해 차근차근 한 발씩 내딛는다. 그리하여 팀원 개개인의 성과가 조금씩 쌓여 가는 것을 지켜보는 것이다.

역경은 동기를 부여한다

리더십에 관한 온갖 책을 독파한다고 자동적으로 리더가 될 수 있는 건 아니다. 리더십의 노하우를 습득하려면 경험이 필요하다. 다양한 상황 앞에서 여러 해결방안을 시험해 보는 것도 좋다. 사실, 직장에서 완전히 똑같은 상황이 벌어지는 경우는 거의 없다. 더군다나 요즘처럼 변화무쌍한 세상에서는, 앞으로 점점 더 큰 변화가 일어나지 않겠는가.

역경과 실패 또한 인생의 가장 유익한 경험이 될 수 있다. 교훈을 얻을 수 있기 때문이다. 인생의 시련을 긍정적인 시각으로 바라보는 게 무엇보다 중요하다. '패닉'보다는 '인내'로 맞서야 한다. 그러면 역경 속을 한결 침착하고 당당하게 헤쳐 나갈 수 있다. 동시에 리더십에 관한 교훈도 얻고 말이다.

아카데미 작품상을 수상한 〈킹스 스피치〉를 본 적이 있는가? 이 영화는 자신감이 무너지는 위기에 봉착한 한 리더의 에피소드를 그려냈다. 2차 대전이 벌어지자, 영국의 조지 6세는 리더에의 부름에 응하기 위해, 소심한 성격과 말더듬이병을 고쳐 보려 안간힘을 쓴다. 결국 그는 자신의 약점을 인정하고, 타인을 좀 더 신뢰하면서 묵묵히 목표를 성취해 나간다.

조지 6세의 경우와 같이, 역경은 동기를 자극하기도 한다. "살면서 가장 힘들었던 점이나, 큰 도전을 받은 일이 있었다면 무엇입니까?"라는 질문을 면접관에게서 받은 적이 있을 것이다. 자신의 장점을 뽐내야 할 면접에서 자신의 약점을 드러내야 하다니, 딜레마가 아닐 수 없다. 그런데 생각해 보면, 사람들은 모든 것이 열악한 듯 보이는 환경일 때 가장 열심히 일하고, 최선의 성과를 내곤 한다. 역사를 한 번 돌아보자. 비단 리더가 아니더라도, 사람들은 누구나 고난을 거칠 때 비로소 한층 더 성숙하고 노련해진다는 걸 알 수 있다. 시련과 고난, 실패에 어떻게 대처하고 극복하는가가 개개인의 능력과 진정한 인격을 가늠하는 잣대인 것이다.

게다가 리더의 가장 근본적인 소임 중 하나는 평소에 조직의 위기 대처 능력을 키우는 것이다. 문제가 생겨도 별 탈 없이 지나가도록 말이다. 피터 F. 드러커는 『비영리 단체의 경영*Managing* *the Non-Profit Organization*』에서 다음과 같이 주장했다.

> 리더의 가장 중요한 직무는 위기를 예측하는 것이다. 피할 수는 없겠지만, 적어도 예측하라는 거다. 위기가 닥치는 그 순간까지 기다리기만 한다면 포기하는 거나 마찬가지다. 리더는 조직이 위기를 내다보고, 이를 이겨낼 역량을 갖출 수 있게 도와야 한다. 이런 게 바로 혁신, 혹은 끊임없는 쇄신이 아니겠는가. 물론 대형 참사를 예측하기란 거의 불가능하다. 하지만 언제든 '전쟁을 치를 각오가 돼 있는', 사기가 충만한 팀을 평소에 키우는 것이 관건이다. 위기를 이겨낸 경험을 바탕으로 위기 대처법에 능숙한 팀이 되도록 말이다. 그리하여 자신감이 넘치는, 팀원들이 서로를 믿는 조직을 만들어 가는 것이다.[2]

역경을 딛고 재기하는 것은 배워서 습득하는 기술이 아니다. 일단 시련을 직접적으로 맞닥뜨려, 시련에서 벗어나기 위해 안간힘을 써야 하니 말이다. 게다가 시련의 실체도 파악해야 하고, 인생의 성공에 어떤 값어치로 작용하는지도 이해해야 한다. 위대한 비즈니스 리더들을 살펴보라. 엄청난 시련 후에도

2　피터 F. 드러커, 『비영리 단체의 경영*Managing the Non-Profit Organization*』(뉴욕: 하퍼 페이퍼백스, 2006년).

한결 더 강하고, 지혜로워진 이들이 많다. 성공을 향한 결심은 오히려 더 큰 열정으로 불타오른다. 한때의 '루저'에서 '위너'로 인생이 반전되는 것이다. 그들의 불굴의 정신은 직원들로 하여금 철저한 신뢰를 불러일으킨다. 그렇게 직원들에게 새로운 차원의 목표를 심어 주어, 업무에 최선을 다하게 하는 능력이 비상한 것이다.

바다가 너무 고요하면 선원이 무능해지기 쉽다.

아프리카 속담

내일의 리더 세우기

현재, 지구촌 유수의 리더들은 경제·정치·환경 및 사회적 위기로 몸살을 앓고 있다. 미국 정치계는 당파 싸움과 적개심이 뒤엉켜 캘리포니아 새크라멘토와 워싱턴 DC에 이르기까지 당최 타협의 기미가 보이지 않는다. 더욱이 리더십의 부재는 의회나 주정부뿐 아니라 월스트리트와 미 전역 경영진에서도 확연히 드러나는 실정이다. 당면한 위기의 극복으로 우리를 인도할 리더들은 대체 어디 있단 말인가? 정부와 기업들은 더 많은 리더들을 발굴해 내야 한다. 현시점의 시급한 문제를 해결하는 동시에 장기적인 전략을 세울 줄 아는 리더들 말이다.

더불어 기업 및 기관들은 중간 관리자들뿐 아니라 말단 직원들에게도 리더십 비결을 가르칠 필요가 있다. 시간을 내서 보좌관이나 동료를 지도하고 멘토링하는 사장과 CEO 및 행정 팀원들은 높은 실적을 이루곤 한다. 그렇게 되면 직원들의 자진 퇴사율도 줄어들어, 관련 비용도 자연스레 감소할 것이다. 게다가 평소에 젊은 인재들을 키워 두면 리더의 은퇴 시, 기업 내 원활한 체제 전환도 가능하다.

군대에서는 종종 가정과 일터에서 활용 가능한 리더십 기술을 훌륭하게 가르친다. 육·해·공군 어디라도 마찬가지이다. 다소 폐쇄된 환경에서 활동하다 보면 문제를 신속하게 해결하는 역량이 길러지게 마련이다. 사활이 걸린 때가 많으니 그럴 법도 하다. 팀원들은 자신들에게 권한이 주어지고, 문제 해결을 위해 몸소 팔을 걷어붙여야 한다는 생각이 들면 그 어떤 난관도 극복해 낼 가능성이 크다. 목표를 분명하게 이해하고, 자신들의 능력을 믿게 되면 말이다. 이 모든 것이 리더십 발달에 큰 영향을 미친다.

나의 두 아들은 미시간 앤아버의 대학 부속병원에서 태어났다. 게다가 이미 유치원 입학도 전에 미시간 대학 응원가인 〈승리자에게 환호를Hail to the Victors〉을 외웠을 정도다. 대학 인근

동네에 살면 세계 유명 학자들과 리더들, 세계 곳곳에서 모여든 가정들에 둘러싸이기 마련이다. 이처럼 미시간 대학 환경에 만연한 '다양성'이 주는 이점은 일일이 나열하기 힘들 정도다.

그렇게 14년간 앤아버에서 지내다, 아이들이 다닌 파크 튜더 고교가 있는 인디애나폴리스로 이사를 했다. 그동안 아이들은 자상하고, 박식하며, 의욕이 넘치는 스포츠 팀 코치들을 만나는 행운을 얻었다. 특히 톰 헌치커, 래리 달링, 톰 페이지, 스캇 피셔는 훌륭한 리더들이었다. 그들은 늘 학생들이 잘되기를 바라는 마음으로 지도했다. 또한 어떤 스포츠든, 게임을 즐기는 게 가장 중요함을 일깨워 주었다. 필드나 코트, 혹은 아이스링크에서 품위 있고 위엄 있게 행동하고, 모두를 존중해야 한다는 것도 말이다. 물론 그들은 운동 외에, 학문적 성취의 중요성도 입을 모아 강조했다.

GE엔 뭔가 특별한 것이 있다

리더 중의 리더인 GE의 존 F. 잭 웰치와 그의 후임인 제프 이멜트가 리더십이나 경영서, 혹은 자기계발서에 단골로 등장하는 이유가 있다. 바로 '내일의 리더' 육성이 리더의 개인적 책임이라고 확신하기 때문이다. 사실, 웰치가 이멜트를 '키워서' 그에게 GE를 맡긴 거라 해도 과언이 아니다.

GE는 지난 수십 년간 GE 크로톤빌 연수원에서 미래의 리더를 양성하는 데 총력을 기울여 왔다. 현재는 존 F. 웰치 리더십 계발센터로 개명해 뉴욕 오시닝에 본사를 두고 있다. 매년 전 세계의 GE 계열사 직원들 수천 명이 교육을 받기 위해 센터로 모여든다. 명실상부 '국제 리더십 훈련기관'으로 각광받고 있는 것이다. 이곳에서 운영되는 몇 가지 프로그램을 열거하면 다음과 같다.

- 경영진 대상의 리더십과 혁신, 전략 및 후임 양성 과정
- 중간 관리자 대상의 개발과 비즈니스 효과 및 외부 초점 중심 과정
- 고용과 프레젠테이션 기술, 팀워크 및 프로젝트 관리 등의 실무 중심 과정
- 경영 브리핑, 변화 관리 및 통합 등의 고객 프로그램

프로그램의 성공을 입증이라도 하듯, GE의 600대 고위직 중 90%가 사내에서 진급한 것으로 나타났다. 제대로 가르치니, 그럴 만도 하다!

성공한 기업의 비밀은 사내 리더 양성에 있다

리더십 계발의 개념을 오해하는 기업들이 생각보다 많다. 유명 컨설팅 회사나 명문 대학의 인재들을 스카우트하는 것쯤으로 아는 거다. 이런 전략은 경기의 불·호황을 떠나 별로 바람직하지 않다. 기업의 재정을 크게 축낼 뿐 아니라, 그만한 값어치도 하지 못하니까.

몇 해 전, 성공가도를 꿈꾸며 대기업에 취직한 적이 있었다. 그때 나는 그야말로 열혈 신입사원이었다. 회사가 제공하는 모든 것을 최대한 활용하고 싶어 리더십 계발 프로그램이 있느냐고 보스에게 물었다. 그는 놀라고 당황한 표정이었다. 그러더니, "리더라면 외부 업체에서 늘 기용해 왔다"고 대꾸하는 게 아닌가! 리더십 프로그램이 편성되면 '위너'와 '루저'가 생기기 마련이고, 그에 따른 차별대우가 생길지도 모르니 경영진이 불만을 일으킬 게 아니겠냐는 거였다. 굳이 평등한 조직체에 회사 돈을 써 가며 분란을 일으킬 필요가 있겠냐고 말이다. 결국 나는 그 회사에는 오래 있지 못하겠다는 판단을 내렸다. 기업체의 규모가 크든 작든, 밖에서 인재들을 '끌어다 쓰는' 기업은 실패하기 십상이다. 멀리 내다보면 말이다. 사내 리더십 계발 프로그램으로 인재를 키워서 진급시키는 전략이 효과적이다.

리더십 프로그램은 고위직에만 국한돼서는 안 된다. 기업과 경영진은 아래에서부터 리더를 양성하는 기업문화를 조성해야 한다. 그리하여 직원들에게 리더십 기술뿐 아니라 기업 전략 및 문화를 전수해야 한다. 지속적인 성과와 혁신을 이룩하는 지름길이기 때문이다. 따지고 보면, 다양성을 지향하는 기업의 핵심은 사내 전략과 문화를 꿰뚫는, 내부에서 길러진 리더들이다. 이들은 신속한 업무 처리 및 내부 개혁을 위한 신뢰도 형성에 부하 직원들과 네트워크를 동원할 수 있는 인재들이다.

리모네이라의 해럴드 에드워즈는 "기업(중소기업이든, 대기업이든)이 리더십 계발에 얼마나 공을 들이는가가 탄탄한 경영 및 리더십의 지속성과 직결된다"고 주장한다. 이 같은 원칙을 위에서부터 아래로 적용하는 것이 바로 CEO의 본분이다. 에드워즈는 조직 내 리더십 계발 전략에 관한 몇 가지 아이디어를 제시했다.

규모를 떠나 기업이라면 경영자의 리더십 자질을 규정하는 과정을 도입해야 한다고 생각합니다. 경영인 각자가 보여준 실무 능력의 평가가 가장 이상적인 기준에 어느 정도 부합하느냐를 따져보는 것이죠. 그렇게 얻은 '차이 분석결과'는 리더 지망생이 달성해야 할 자질 및 리더십 계발의 주요 잣대가 될 것입니다. 일단 이상과 현실의 차이가 드러나면, 각 경영자의 역량을 키우는 리더십

계발 프로그램은 훨씬 쉽게 제작할 수 있겠지요.[3]

권한 분산의 위력

헤이 그룹 리더십·인재활용 담당자 겸 '리더십 최우수 기업'의 공동 주관자인 릭 래시의 말을 들어 보자. 그는 21세기형 리더십을 "직위의 고하를 막론하고, 전 직원이 리더의 역할을 수행하는 것"이라고 정의한다. 헤이 그룹이 2011년 초에 실시한 조사에 따르면, 리더십 우수 업체로 선정된 20개 회사 모두 리더로서의 역량계발 기회를 부서에 관계없이 제공하는 것으로 나타났다. "20대 기업 직원의 90%는 굳이 리더의 위치에 있지 않아도, 누구나 리더십을 발휘할 수 있다"고 그룹 관계자는 덧붙였다.

헤이 그룹이 선정한 20대 기업은 직원들에게 '권한을 위임하는' 정책을 실시한다. '임파워(empower, 권한 위임)'는 요즘 유행처럼 번지는 말이다. 그런데 이 단어의 뜻을 오해해서 남용하는 경우를 많이 봐 왔다. 물론 사전적으로는 타인에게 권한이나 권위를 넘긴다는 뜻이다. 하지만 단어에 내포된 의미를 간과하는 경우가 많았던 것이다. 이를테면, 리더십의 과업 및 책임을

---

3 해럴드 에드워즈, 저자와의 인터뷰, 2011년 5월 23일.

적임자에게 과연 어떤 방식으로 위임할 것인지와 같은 문제 말이다. 게다가 후임자가 권한을 넘겨받을 각오가 됐다는 건 어떻게 알 것인가? 따라서 권한 위임은 후임자가 당면문제나 현안을 스스로 처리하게끔, 경험이나 지식 및 혜안을 보태는 진지한 접근으로 이루어져야 한다.

"권위에 따르는 자부심을 넘겨주는 것을 두려워해서는 안 된다"고 트래버스 시티 지역 출신의 비즈니스맨인 마크 밴더클립은 주장한다. 그는 비슷한 직위의 멘토 여럿에게서 중요한 교훈들을 얻었다. 경영 팀과 협력해 가장 까다로운 절차도 무사히 마쳤다. 즉, 창립멤버에서 차세대 경영인에게 오너십을 위임한 것이다. 약 8년간의 지휘 끝에 완수한 안정적인 재정적·구조적 위임절차였다. 경쟁 업체들은 쉽사리 그렇게 하지 못해 골머리를 앓고 있다고 한다. 밴더클립의 차기 임무는 3세대 리더를 키워 훗날 그가 부임하기까지 멘토가 되어 주는 것이리라. 이 임무는 벌써 진행 중에 있다.

목표를 세우는 것은 응당 리더의 몫이다. 하지만 구체적인 목표 달성을 위한 의사결정권을 팀원들에게 나누는 것도 리더의 역할이다. 이런 '함께하는 의사결정'은 지속적인 변화를 가져온다. 리더가 물러나더라도, 팀원들이 혁신을 달게 받아들일 테니 말이

다. 즉, 이는 리더만의 혁신이 아닌, 팀원들 스스로의 혁신인 셈이
다.[4]

로버트 M. 게이츠, 전 국방장관

직원들을 리더로 성장시켜라

아무리 전장이나 이사회에서 '계급장'을 획득한들, 배우고 가
르치는 일에 끝이 있을까. 내일의 리더를 가르치고 그의 멘토
가 되려는 이는 자신도 리더로서 꾸준히 성장해야 한다. 래리
에임스는 타인의 발전을 도운 특별한 리더 중 하나다. 그는 『벤
투라 카운티 스타』지의 전 스포츠부 편집부 기자였다. 리더 양
성을 위한 자신의 노력을 그는 다음과 같이 회고했다.

1979~1994년까지, 나는 『보스턴 글로브』지의 스포츠부 편집
보조로 일했다. 내 주된 업무는 보스턴 지역 대학 출신의 인턴들
을 채용하고, 교육 및 관리하는 것이었다. 어느 해인가, 인턴 채용
을 막 시작했을 때였다. B. J. 쉑터라는 학생이 전화를 걸어 왔다.
당시 그는 보스턴의 노스이스턴 대학 1학년이었는데, 스포츠부

---

4 〈게이츠가 말하는 리더십Gates Reflects on Leadership〉, 미군 출판부(2007년 3월 13일).
www.defense.gov/pdf/Gatesinterview031307.pdf.

수습직원에 지원하고 싶다고 했다. 틀림없이 자기가 마음에 들 거라면서 말이다. 나는 1학년들은 '대학물'을 좀 더 먹어야 하니, 채용하는 일이 거의 없다고 둘러댔다. 그런데 웬걸, 대화를 나누다 보니 왠지 그에게 끌려드는 기분이었다. 결국 나는 그를 불러들였다.

역시 내 판단은 틀리지 않았다. 그는 신참 중에서 가장 일에 열심이었던 것이다. 듣고 배우는 속도도 빨랐다. 결국 대학을 졸업한 그는 『스포츠 일러스트_Sports Illustrated_』지에 연구원 겸 기자로 채용되었다. 그 후로도 쉑터의 열정과 근면은 조금도 사그라지지 않았다. 현재 그는 『스포츠 일러스트』지의 인기 높은 인터넷판인 SI.com의 편집주간으로 맹활약 중이다.

쉑터의 성공이 그가 타고난 리더여서인지, 아니면 리더십 학습의 효과였는지 캐낼 생각은 없다. 다만 분명한 것은 그를 고용함으로써 내가 더 훌륭한 리더가 되었다는 사실이다. 리더를 '키우는' 내 역량이 한층 커졌으니까.[5]

리더십 파이프라인 구축하기

요즘 직장에는 '대기 중인 리더'가 많이 눈에 띈다. 선배 리더

---

5 래리 에임스, 저자와의 인터뷰, 2011년 5월 8일.

들의 눈에 들고, 그에게서 가르침과 도전을 받고 싶어 하는 젊은 인재들이 넘쳐 난다는 이야기다. 그런데 정작 문제는 '리더십 멘토링'에 도통 관심이 없는 기업들이다. 장래의 리더를 배출해 낼 '파이프라인'을 건설하면 경쟁우위를 얻는다는 사실을 의식하지 못하기 때문이다.

하지만 진정한 리더는 기업의 각 부서에서 나오는 참신한 아이디어가 많을수록, 합리적인 의사결정이 이루어질 가능성도 높아진다는 점을 잘 안다. 헤이 그룹의 연구에서와 같이, 우수 리더십 기업에서는 '리더십 평준화'가 대세다. 즉, 리더의 역할이 소수 상위층에 집중되지 않고 각 층에 분산되는 것이다. 하지만 이를 위해서는 리더십 교육 프로그램이 절실하다. 결국은 리더십 교육에의 의지가 있는 기업이 큰 성공을 이루게 돼 있다.

지난 20년간 학계의 명문으로 두각을 나타낸 서든 캘리포니아 대학은 탄탄한 인프라, 즉 리더십 파이프라인 건설의 효과를 보여주는 대표적 사례다. 본교는 GE나 보잉, IBM, 포 시즌스 및 리츠칼튼 등의 유명 대기업, 최상위 학술기관 출신의 인재들을 등용하지 않았다. 그 대신 교내에서 리더를 양성해 왔다. 때문에 차기 리더들은 늘 모교의 비즈니스와 문화를 훤히 꿰고 있다.

사내 리더십 트레이닝, 즉 '리더십 파이프라인'은 타 경쟁기업 들과의 차별화 전략의 일환이다. 최고의 인재들을 유치하는 비결이기 때문이다. 다음은 '내일의 리더'를 육성하는 방법을 열거한 것이다. 일단 시작해 보자. 당신의 직장이 성공기업으로 부상하게 될 것이다.

• 후보 인력을 계발하라

스포츠에서와 마찬가지로, 비즈니스계에서도 중대한 시기에 호출 가능한 후보 선수들을 적극 활용해야 성공할 수 있다. 따라서 다양한 인재의 확보가 핵심이다. 마치 스포츠에서 챔피언십을 따듯이, 새로운 시장 개척의 길이 열릴 것이다.

• 조직의 각계각층에서 리더를 양성하라

조직은 대개 복잡하다. 때문에 기업 전반에 걸쳐 인재를 육성해야 한다. 장래의 리더들을 보유해 두면 기업의 문화와 브랜드를 이어 나갈 수 있다.

• 젊은 인재들이 맡은 책임을 늘릴 방안을 모색하라

경영진은 조직 깊숙한 곳에서 숨은 진주를 발굴하고 계발하는 데 시간을 아껴선 안 된다. 최고 경영자가 젊은 중간 관리자들에게 정기적인 배움의 기회를 제공한다면, 그들도 더 높은 실적을 거둘 것이다.

• 인적 자원 관리 프로그램을 계발하라

조직의 가치를 높이는 사내 리더십 계발 프로그램을 만들어야 한다. 각 부서가 저마다의 일회성 프로그램을 만드는 것보다, 체계적인 단일 리더십 계발 전략이 훨씬 더 효과적이다.

• 도덕성, 가치관, 윤리적 기준을 강화하라

도덕적으로 옳고 그름을 판단해야 하는 현실적 문제에 부딪칠 때 리더 지망생들은 영원히 남을 교훈을 얻게 된다. 가치관과 윤리적 원칙은 신참일 때 습득해야 훨씬 빨리 각인된다.

인재 선별과 리더십 계발은 경영진의 주요 책무이다. 나는 9년 동안 인디애나 대학 병원의 마케팅, 홍보, 의료봉사 및 제휴 관련 부서에 있었다. 근무하는 동안, 의료 부문의 최정예 전문 팀과 호흡을 맞춰 왔다.

당시 인디애나 대학 병원은 라일리 어린이 병원과 인디애나 의과대 및 인디애나 대학 병원으로 이루어져 있었다. 당시 나는 병원 교류처에서 근무했다. 교류처는 다시 전문의·고객 상담부와 공보부, 언론홍보부, 현지 전문의 파견부, 병원 교류 및 연사 섭외부, 그리고 마케팅부(시장조사, 길 안내 담당)의 하위 부서로 나뉘었다.

내가 근무하는 동안 병원은 구조조정과 인수합병 열풍, 비용 삭감 등으로 시끄러운 시기를 보냈다. 뒤돌아보면, 함께 일한 팀원들 중에서도 특히 뛰어났던 리더들이 몇 명 떠오른다. 그들은 남이 도움을 필요로 하면 언제나 곁에 있어 주었고, 남의 말에 귀를 기울였다. 또한 글도 잘 썼을 뿐 아니라, 천부적인 연구자였다. 지역사회와 의료진 및 병원 직원들과의 유대도 끈끈했다. 언제나 '열린 커뮤니케이션'을 추구하며, 분명하고 설득력 있는 말투를 썼다. 직업 윤리관도 투철했다. 무엇보다, 열정이 자신들의 성공의 원천임을 확신했다. 업무에 마음을 온전히 쏟지 않으면 성공할 수가 없다는 것이다. 그들은 일을 즐겼을 뿐 아니라, 전체적인 기대수준도 높았다. 나는 그때까지 그들만큼 출중한 전문 인력과 손을 잡아본 적이 없었다.

가장 주목할 점은, 그들은 특유의 도덕성으로 병원 전체의 목표에 전념했다는 것이다. 즉, 라일리 병원의 아동 환자 및 성인 환자들이든, 대학 병원 전문의들이든, 대학 주치의와의 신속한 연락을 필요로 하는 외래 의료진이든 간에 병원에 관련된 사람이면 누구에게나 도움이 되어 주었다. 뿐만 아니라 도움이 필요한 인디애나 병원 경영진, 길을 헤매는 고객, 연사를 섭외하려는 기업가 등 모두와 원활한 커뮤니케이션을 하려고 노력했다.

리더십 프로그램에서 노하우를 배워라

리더십 훈련은 기업과 조직만이 책임지거나 감당해야 할 분야는 아니다. 대학 강의가 아니니까 말이다. 하지만 요즘은 수많은 지역사회와 기업, 지역단체 및 대학 등에서 귀감이 되는 리더십 교육 프로그램을 실시하고 있다.

몇몇 최상위 프로그램들은 미래 리더의 발굴·육성을 위해 현지의 상공회의소와 결연을 맺는 경우가 종종 있다. 나도 리더십 샌프란시스코와 스탠리 K. 레이시의 경영자 리더십 프로그램 등, 대표적인 프로그램에 참여한 적이 있다.

지역 리더십 프로그램에서 다루는 현안과 주제는 주민과 지역의 경제적 형편과 소양에 따라 달라지게 마련이다. 그러나 그 주요 목표는 공통적이다.

- 지역 주민들의 당면 과제와 문제점을 정확히 파악한다.
- 지역사회 조성에 보탬이 되는 비즈니스 및 민간 지도자들과 친분을 쌓는다.
- 지역사회 발전의 관건이 되는 지식 및 자원을 획득한다.
- 프로그램의 회원들에게 열정을 심어 주고, 시야를 넓혀 준다. 그들 간의 원활한 소통도 도모한다.
- 지역 주민들, 지인 및 멘토들과의 연락망을 확대한다.
- 자원봉사자들 및 각종 협회들이 지역의 비영리 기업 활동에 참여할 기회를 마련한다.

대부분의 지역 리더십 프로그램은 약 8~11개월간 운영된다. 프로그램 첫날에는 지역 유수의 리더로부터 지역사회 전반과 지역사회가 당면한 고질적 문제에 대해 배운다. 회원 각자에게는 리더십 기술 및 자기 발전의 기회 탐색의 시간이 주어진다.

많은 프로그램들이 대략 이틀간의 워크숍 형식으로 진행된다. 그 구체적인 콘텐츠는 다음과 같다.

- 리더십 훈련 실습
- 현역 리더들의 강연
- 개개인의 리더십 스타일 발견
- 사람들과 관점의 다양성을 둘러싼 토의
- 회원들 간의 상호작용적 학습

고용주 및 직원들은 리더십 프로그램으로 큰 이득을 볼 수 있다. 수료자들은 소양을 갖춘 미래의 리더로서 기업의 성공에 일익을 담당할 것이기 때문이다. 리더십 파이프라인은 한층 견고해지고, 수료자들은 직장 동료들에게 훌륭한 멘토가 되어 줄 수 있다.

부수적인 이점도 있다. 한 기업이 리더십 트레이닝의 일환으로 프로그램이나 행사를 후원할 경우, 브랜드 이미지가 향상된다는 것이다. 그 기업의 직원들이 다른 회사 직원들과 어울릴 수 있는 기회가 생기니까 말이다.

좀 더 많은 기업 및 업계 리더들이 상공회의소의 추천을 받은 리더십 프로그램에 동참해야 한다. 이러한 프로그램은 지역사회를 살찌우고, 기업의 실리에 영향을 미친다. 기업과 지역의 미래를 짊어질 리더들을 창출해 낼 테니 말이다.

잠재적인 리더는 언제 어디에서든 존재한다

잠재적인 리더는 어느 분야에나 존재한다. 예술처럼 눈에 잘 띄지 않는 분야일지라도 말이다. 일에 대한 의욕과 일하는 즐거움이 더해져 열정으로 승화된다면 불가능이란 없다. 특히 음악과 미술, 연극 등 예술 분야에 도전하려면, 원칙과 의욕, 열정과 창의력이 평균 수준을 웃돌아야 한다. 이러한 자질들은 오늘날의 고군분투하는 기업들이 종종 놓치는 부분이다.

미시간 대학의 윌리엄 레벌리는 탁월한 실력으로 음악과 '결혼'한 인물이다. 그는 타협을 모르는 원칙으로 학생들에게 귀감이 되었다. 레벌리의 지휘 아래, 미시간 대학 마칭 밴드Marchig Band는 가히 혁신을 일으켰다. 최초로 자신들의 창작곡을 사용한 데다, 음악과 율동의 절묘한 조화를 이루었기 때문이다. 밴드의 정확한 대열 및 스타일에 대한 찬사도 끊이지 않았다. 레벌리는 젊은 단원들에게 가차 없이 대했다. 최고 이하의 수준은 용납하지 못했으니까.

이처럼 기대수준이 높았던 그는 단원들에게 음악뿐 아니라

인생 전반에 강한 의욕을 보일 것을 강조했다. 미시간 대학이 최고의 음악적 기반을 갖춘 학교로 명성을 얻게 된 것도 레벌리의 공이 컸다. 아마 그가 비즈니스계에서 일했다 해도 훌륭한 리더가 되지 않았을까.

진정한 리더는 분야에 관계없이 창출된다. 필드든, 코트든, 육상트랙이든, 동네의 소박한 커뮤니티이든 간에 상관없이 말이다. 얼핏 보기에는 주변의 평범한 이가 한 행동일지라도, 돌연 사회운동으로 번지는 경우도 있다.

미국 앨라배마 주 몽고메리 지역의 흑인 인권운동가인 로사 파크스를 기억하는가? 1955년 당시, 그녀는 백인 탑승객에게 자리를 양보하라는 버스 운전사의 요구에 불복했다. 이를 시발점으로 몽고메리에서 인권운동의 불길이 타오르지 않았는가? 이 전설적인 불복종이 인종 통합을 위한 투쟁으로 이어진 것이다.

이처럼 잠재적인 리더를 볼 때, 자격증이나 학벌 등에 연연해서는 안 된다. 오직 내면의 원칙과 가치관, 그리고 비전을 지니는 것이 중요하다.

미래에 투자하라

오늘날의 치열한 경쟁시장에서 성공한 기업이 되려면, 내일의 리더 양성이 중요하다는 점을 알아야 한다. CEO의 주요 책임은 리더의 재목을 추려 내어 기르고, 가르치며, 그들의 멘토가 되어 주는 것이다. 이는 곧 강력한 리더십 파이프라인 설립으로 이어져, 세대를 거듭한 성공의 지름길이 될 것이다.

다음은 생각해 볼 질문 몇 가지를 나열한 것이다. 당신의 지식을 측정하려는 의도는 아니며, 정답이 있는 것도 아니다. 단지 리더 육성이 어떤 유익을 가져오고, 이를 위해 당신이 어떤 역할을 해야 할지를 이해하는 데 도움이 될 것이다.

– 당신의 직장에 직원들을 위한 정규 리더십 교육 프로그램이 있는가?

– 차기 리더의 멘토가 되기 위해 어떻게 분발해야 하는가?

– 직장에서는 경영진의 공백을 메우기 위해 외부에서 인재를 등용하는 편인가? 그렇다면 그 이유는 무엇일까? 인사 절차를 '업그레이드'하기 위해 당신이 해야 할 일은 무엇인가?

– 조직의 입지를 다지기 위해 '슈퍼스타'를 영입해야 할까?

아니면 기존 직원들의 역량을 끌어올려 최고의 실적을 유지해야 할까?

- 일선 직원들의 실적을 향상시킬 방법은 무엇인가?
- 자신의 실적을 뒤돌아보자. 잠재력을 최대한 발휘하고 있는지? 아니라면 그 까닭은 무엇인가? 당신이 실적 극대화를 위해 회사와 경영진에게 바라는 점은 무엇인가?

진정한 리더십은 학습의 결과물이다. 리더 지망생이 계발해야 할 자질들은 다음과 같다.

- 겸손
- 소리 없는 자신감(오만이 아닌)
- 상황 대처 능력
- 강인한 정신력과 체력 및 도덕성
- 개인적 이득보다 팀을 챙기려는 태도
- 개인을 넘어선 원대한 명분에 대한 신념 및 사익보다는 대의를 위해 희생하는 태도

- 이상적인 리더는 '촉진제' 역할을 맡는다. 즉, 타인을 지도하고 그에게 자리를 내줄 줄 아는 트레이너와 스승 및 후원자를 겸한다.

- 역경은 위대한 스승이자 동기 부여의 원동력이다. 성공한 경영인들 중 상당수가 시련에 부딪쳐 실패했다. 하지만 결국 더 현명하고 강인해졌으며, 열정과 결단력까지 겸비한 리더로 거듭났다.

- 리더십 교육은 부서와 직위를 막론하고 실행돼야 한다. 조직의 말단에서도 말이다. 기업과 경영진은 아래로부터 리더를 양성하는 기업문화를 계발해야 한다.

- 리더는 기업에 차세대 리더들이 대기하는 풀pool을 마련한다.

- 기업들은 미 해병대에서 리더십 교육 프로그램의 노하우를 배울 필요가 있다. 해병대는 사병들을 철저히 관리하고 그들에게 의욕을 심어 주는 한편, 고급 군 장비를 다루며, 온갖 스트레스에도 냉정을 잃지 않는 요령을 전수한다. 상사의 부하 장교에 대한 정기적인 상담도 중요하다.

- 직장 밖 지역 리더십 프로그램은 보스와 직원들 모두에게 득이 된다. 리더십 '파이프라인'의 설립이 수월해지기 때문이다. 더불어 프로그램을 수료하면 동료 직원들에게 훌륭한 멘토가 되어 줄 수 있다.

7장

리더는 인격과 성실성이 어떤 차이를 만들어내는지 안다

진정한 리더십은 24시간 풀가동된다. 리더가 가진 모든 자질을 비롯하여, 공·사적인 행동을 모두 아우르기 때문이다. 리더는 '리더십 8계명'을 준수해야 한다. 뿐만 아니라 성실성과 인격도 뒷받침되어야 한다. 이처럼 리더가 된다는 것은 복잡하고 힘든 일이다. 소신이 있는 자만이 성공할 수 있다.

성실에는 룰이 필요 없다.

알베르 까뮈

리더는 한순간에 몰락할 수 있다

오늘날의 치열한 경쟁시장에서는 한순간의 경솔함이나 잠시

저버린 '성실함'이 기업과 개인에 큰 타격을 입힐 수 있다. 정말로 잘못을 했든, 아니면 남이 순전히 오해를 했든 간에 말이다. 순간의 실수가 승승장구할 경력을 무색하게 만들고, 기업이나 개인에 '먹칠'을 한다. 수년간 공들여 쌓아 올린 브랜드 이미지도 단숨에 무너질 수 있다. 타이거 우즈의 외도 사건을 떠올려 보라. 그의 명예와 상업적 브랜드 이미지가 얼마나 실추되었는가? 도요타 자동차의 경우도 마찬가지이다. 그 화려한 명성이 끊임없는 대규모 리콜 사태로 얼마나 퇴색되었는가? 미 국회의원들의 도덕성을 의심케 하는 연이은 스캔들은 또 어떤가? 석유시추 시설인 딥워터 호라이즌 폭발사건도 비슷한 맥락에 있다. 폭발로 인해 멕시코 만에 원유가 유출되면서 브리티시 페트롤늄사가 받은 수모를 생각해 보라. 이들 기업의 명성은 그야말로 심히 퇴색되었다. 최악의 경우, 회복이 아주 불가능할 것으로 보일 정도다.

역사는 예나 지금이나 똑같다. 인류의 오만 가지 잘못과, 한 번쯤 인격과 성실성에 허점을 남긴 개인 및 기업이 뼈저리게 깨달은 교훈들로 가득하다. 일부는 명예를 회복했지만 그러지 못한 개인이나 기업들도 많다. 다행히 회복한다 해도 간단한 문제는 아니다. 그 과정이 과거의 영광에 비하면 터무니없이 길고 험하기 때문이다. 기업이 브랜드 이미지 보전에 무엇보다 힘

써야 하는 이유가 바로 여기에 있다. 기업의 규모나 리더 및 직원들의 직위고하를 막론하고, 모두가 높은 인격과 성실성을 유지해야만 한다. 제아무리 최고의 리더라도 아주 사소한 한순간의 실수로 바닥으로 치달을 수 있다. 하버드 대학 병원의 폴 레비는 한때 흠 없는 인격과 성실성으로 타의 모범이 되는 리더였다. 하지만 리더십의 신조를 잠시 망각한 사이, 한 직원과 부적절한 관계를 맺은 것 같다는 보도가 전해지면서 결국에는 병원을 떠나야 했다. 정확히 어떤 관계였는지, 그게 정말 부적절했는지는 그리 중요하지 않았다. 그에 대한 부하 직원들의 신뢰는 이미 산산조각이 난 후였으니까.

단 한 번의 경솔한 언동이나 문젯거리면 충분하다. 당신에 대한 타인의 신뢰가 무너지기까지 말이다. 따라서 진정한 리더를 꿈꾼다면 성실성과 정직, 빈틈없는 인격의 중요성을 망각해서는 안 된다. '이래도 될까?' 싶으면 아예 하지 마라. 당신이 미심쩍게 생각하면, 남도 같은 생각일 테니까. 무엇보다 남들 위에 군림하려는 생각은 금물이다. 당신과 당신이 저지른 행동은 같이 간다. 책임을 져야 하는 것이다. 벤저민 프랭클린도 200여 년 전에 같은 얘기를 하지 않았는가. "좋은 평판을 위해서는 숱한 선행이 필요하다. 하지만 이를 망치는 데는 실수 하나면 족하다"라고.

인격은 리더십 계발의 기반이다

인격은 리더십 계발의 기반이다. 리더십을 발휘하려면 나무랄 데 없는 도덕적 잣대와 윤리성을 갖추어야 한다. 리더는 남을 가르치고, 그에게 영향력을 발휘하는 존재니까. 동료든, 부하 직원이든 간에 주변 사람들의 인성을 계발해야 할 책임을 지는 것이다. 게다가 모두의 신임을 받는 명망 있는 리더의 자리를 일순간의 도덕적·윤리적 오점으로 잃고 싶은 사람이 과연 세상에 있을까. 우리 사회는 공인 및 유명인들을 너무 높게 사는 경향이 있다. 그들이 바로 현대의 '영웅'이라고 해도 과언이 아니다. 그중 상당수가 도덕·윤리적 기준에 별반 신경을 쓰지 않는데도 말이다. 물론 대중도 애초에 그러길 기대하지도 않는다. 하지만 생각해 보라. 롤 모델이 되는 영웅들의 자질이 수준 이하라면, 그들을 추앙하는 이들도 비슷한 길을 걷게 되지 않을까? 그나마 다행인 건, 우리 사회에 아직도 진정한 영웅들이 존재한다는 것이다. 인지도가 높지 않더라도 성실성과 도덕, 겸손을 몸소 실천하는 이들 말이다. 기업이든, 개인이든 이러한 영웅들의 공로를 쉬이 넘겨 버리면 안 된다.

위대한 리더의 세 가지 요건은 뭘까요? 첫째도 인격이요, 둘째와 셋째도 인격입니다. 혹자는 빌 클린턴 전 대통령을 이렇게 평가합니다. 부적절한 관계로 명예에 오점을 남겼지만, 대통령으로서는 큰 업적을 이루었다고. 그러니 인격이 뭐 그렇게 대수냐고 말이지요. 그러나 실상은 다릅니다. 국민들은 여전히 진정한 리더의 조건으로 인격을 꼽습니다.[1]

마이클 브래드베리의 말이다.

미시간 대학의 데이비드 브랜든에 의하면, 진정한 인격은 시련과 역경을 만날 때 역력히 드러난다고 한다. "만사가 술술 풀리고, 계획이 착착 진행될 때는 고매한 인격을 보이는 게 어렵지 않죠." 비즈니스든, 스포츠든, 사적인 일에서든 매한가지다. 인격은 일이 틀어지고 스트레스가 가중될 때 좀 더 정확히 '잴수' 있는 것이다. 내가 존경하는 리더들은 역경을 만나도 냉정과 집중력을 잃지 않고, 사심을 버리는 이들이다. 또한 편하고 인기에 치중한 결정보다는 '올바른' 결정을 내리는 사람들이다. 브랜든은 언젠가 내게 이렇게 말했었다.

J. C. 왓츠의 말이 옳았어요. '인격'이란 보는 눈이 없을 때도 바르게 행동하는 겁니다. 하지만 대충 사는 게 최선이라 치부하는

---

1 마이클 브래드베리, 저자와의 인터뷰, 2011년 5월 24일.

리더를 가늠하는 잣대, 성실

성실성과 인격은 그 의미에 차이가 있다. 사람에게 인격이 있듯이, 기업에도 기업만의 격과 문화가 있다. 말하자면 인격은 개개인의 가치관뿐 아니라 도덕기준, 윤리적 갈등에 대한 대처방법 등을 여실히 보여준다. 보는 이가 없어도 우리가 올바른 길을 가는지, 후손에게 물려줄 원칙과 신념은 무엇인지도 일러준다. 즉, 인격이란 개인의 됨됨이이다. 이는 리더가 될 자격이 있는가를 가늠하는 잣대이기도 하다.

한편, 성실성은 한 번 하겠다고 밝힌 일을 해 내려는 의지를 의미한다. 그리고 해 내지 못했을 때는 자신과 타인 앞에 이를 떳떳이 인정한다. "성실성은 고매한 품성의 결정체라 할 수 있습니다. 품격이 높고, 정직하며, 혹 마음에 들지 않더라도 규칙을 준수하고, 사적인 이익보다는 타인을 우선시하는 사람이 있습니까? 그런 이가 바로 성실의 표본이라고 할 수 있겠지요"라고 데이비드 브랜든은 말한다.

---

2 데이비드 브랜든. 저자와의 인터뷰, 2011년 5월 29일.

자신의 실수를 인정해야 참리더다

사람은 누구나 실수를 한다. 리더라고 예외는 아니다. 하지만 리더와 보스는 이를 두고도 엄연히 다르다. 리더는 실수를 피하기 위해 온 힘을 다하며, 잘못이 있다면 이를 속히 인정할 줄 안다. 그리고 묵묵히 가던 길을 간다. 그러나 보스는 잘못을 전적으로 부인하거나 남에게 책임을 덮어씌우기 일쑤이다. 행여 직원이 일을 그르치는 날에는? 그 직원은 한참 골머리를 앓을 것이다. 무덤에 갈 때까지 실수를 마음에 담아 두는 게 바로 보스니까.

캘리포니아 주지사를 지낸 아놀드 슈왈제네거는 개혁의 선두주자였다. 재직 당시엔 사업적 수완이 뛰어난 리더의 본보기로 존경 받곤 했다. 그러나 그는 퇴임 직후에 10여 년 전, 혼외정사로 태어난 아이가 있다고 털어놓았다. 이 '폭탄선언'에도 그가 명예를 회복할지는 두고 봐야 할 것이다.

2010년 여름, 디트로이트 타이거즈의 아르만도 갈라라가 선수는 클리블랜드 인디언스와의 경기 중, 9회 말 투아웃 상황에서 보기 드문 용서와 품위의 미덕을 보여주었다. 퍼펙트게임으로 경기를 끝낼 무렵이었으나 심판이 실수로 그만 1루에 진출한 타자에게 "세이프"를 선언한 것이다. 갈라라가는 강한 불만을 표시할 수도 있었다. 그러나 심판의 사과를 겸허히 받아들였다. 퍼펙트게임으로 명예의 전당에 등재될 기회였는데도 말이다. "실수는 누구나 합니다." 갈라라가의 말이다.

진실이 정답이 아닐 때도 있다

진실은 최고의 지침이자 목표이다. 그러나 리더가 항상 진실만을 털어놓을 수 있는 것은 아니다. 신제품을 출시하거나 신규 브랜드 전략을 추진하려는데, 출시일이나 구체적인 전략을 누설해 버리면 손해를 입을 수도 있을 테니까. 리더가 커뮤니케이션의 '달인'이라면 직원들도 민감한 상황을 눈치 채고 기밀정보를 유지해야 한다는 것쯤은 알 것이다. 기밀을 좀 더 확고히 해 두고 싶다면, 제품 출시일 및 관련 정보를 모호하게 흘리는 것도 좋은 방법이다. 즉, 경쟁 업체에 주요 정보가 들어갈 수 있는 주제에 대한 인터뷰일 경우, CEO는 적당히 에두르면 된다. 정직도 좋지만 전모의 완전한 공개가 반드시 성실함과 직결되는 것은 아니다.

물론 마이클 브래드베리에 따르면 정직은 그 무엇보다 최우선시된다.

제 경험으론 말이죠, 기자와 인터뷰할 때 진실을 밝힐 수 없는 이유가 있다면, 이를 솔직히 말하는 편이 낫습니다. 노련한 기자라면 답변을 회피하거나 얼버무리려는 의도를 단번에 간파해요. 만약 인터뷰 대상이 거짓말을 하거나 진실하지 못하다고 느끼면 이를 기사에 어떻게든 드러내려 하거든요. 대상이 비협조적이라거나 정직하지 않다고 말이죠. 요는, 사정상 사실을 말하기 곤란하면, 솔직히 그렇다고 말하란 겁니다. 뭐, 당장 기자에게 점수를 따진 못하겠죠. 허나 그가 당신을 존중하고 믿어줄 겁니다. 결과적으로는 그게 더 이득이 될 겁니다.[3]

리더는 남이 가지 않는 길을 간다

성실한 리더라 해서 꼭 대중이 선호하는 대안을 따라야 한다는 법은 없다. 실은 그 반대라야 옳을 때가 종종 있다. 줌월트 제독은 동료 장교들의 항의에도 인습에 반기를 들고 미 해군의 인사제도를 개편함으로써 성실성을 몸소 보여주지 않았는가. 리모네이라의 해럴드 에드워즈는 어떤가? 그는 과거 영화의 향수에 젖은 회사를 21세기형 기업으로 탈바꿈시켰다. 회사의 설립 근간인 청지기 정신과 지속적 성장을 부활시켰기 때문이다. 이는 처음에 운영진 사이에서 환영받지 못했다.

리더를 꿈꾼다면 개척자 겸 개혁가가 되어야 한다. 즉, 안전지대를 벗어나 기업의 성공을 도모해야 하는 것이다. 우선 안건의 찬반양론을 면밀히 검토한 후, 옳은 방향을 선택해야 한다.

---

3 마이클 브래드베리, 저자와의 인터뷰, 2011년 5월 24일.

자신의 믿음을 밀고 나가는 거다. 비록 사회적 통념과는 대립될지라도 팀의 성공을 가로막는 걸림돌을 제거해야 한다.

캘리포니아 대학 머시드 캠퍼스의 초대 총장인 캐럴 톰린슨 키시 또한 역동적 변화를 주도한 인물이다. 그녀는 어떤 장애물 앞에서도 끝까지 투혼을 발휘했다. 안타깝게도 암투병은 끝내 이기지 못했지만 말이다. 캘리포니아 대학의 10번째 캠퍼스인 머시드는 '21세기의 연구대학 1번지'로 통하며, 요세미티 국립공원 인근의 산호아킨 벨리에 자리를 잡고 있다. 캠퍼스의 설립 자체만으로도 톰린슨 키시의 리더십이 엿보인다. 캠퍼스 부지 선정을 둘러싼 논란을 잠재우고, 캘리포니아 주정부의 행정처 세 곳과 공조하기란 보통 일이 아니었다. 그녀만의 불굴의 의지력과 긍정적 에너지, 또 '할 수 있다'는 자신감이 필요했다. 캘리포니아 출신 유명인사들은 프레스노를 비롯한 캘리포니아 내부 지역이 부지로 선정되길 바랐다. 엎친 데 덮친 격으로, 시공도 환경문제 및 주정부의 자금지원 부족으로 숱한 어려움에 부딪혔다. 그럼에도 톰린슨 키시는 개척자 정신을 잃지 않았다. 고등교육을 향한 그녀의 약속을 믿은 학생들도 든든한 버팀목이 되어 주었다. 나도 한때 머시드 재단 이사회에서 일한 적이 있다. 캠퍼스는 2005년에 처음 문을 연 이후로, 1세기 이상 명맥을 유지해 온 여느 대학보다 초빙된 교수진이나 기부금이 더 많았다.

어려운 이슈들과 정면승부하라

톰린슨 키시와 달리, CEO와 총장 및 비즈니스 리더들 중 상당수가 논란의 여지가 있는 도전을 기피한다. 논란의 여지가 있으면 발을 빼고, 회사일이 아니면 아예 신경조차 쓰지 않는다. 이처럼 신념이 부족하면 리더로서의 자질도 부족해진다. 이사회 및 동료들, 혹은 지역 주민들로부터의 보복이 있을까 두려워 선뜻 나서지 못하는 거다. 결국 용기 부족으로 리더 지망생들의 의지가 꺾이는 경우도 많다.

나의 어린 시절 영웅인 재키 로빈슨은 리더로서의 용기나 신념문제로 갈등을 느낀 적이 없었다. 20세기 최초로 메이저리그에 진출한 흑인 선수가 바로 그가 아닌가. 그의 리더십에 한계는 없었다. 그는 말이 아닌, 실력으로 보여주는 리더였다. 그는 인종차별에 맞서기 위해 횃불을 들은 정도가 아니라, 아예 불을 붙인 자였다. 로빈슨은 용기와 결단력, 자신감으로 메이저리그의 인종차별 관행을 허물었다. 살인 위협도 숱하게 받았고, 상대 팀들의 파업 소동도 감내해야 했다. 흑인을 영입하여 전통을 깬 브루클린 다저스와는 경기를 못하겠다는 팀도 있었으며, 선수들은 심지어 로빈슨에게 침을 뱉기까지 했다. 팬들까지 합세해서 흑인을 깎아내리는 욕설도 서슴지 않았다. 그럼에도 그는 흔들리지 않았다. 결국 그는 리그 우승과 함께 '올해의 신인'으로, 2년 후에는 MVP로 선정되었다. 로저 칸은 『여름 소년들 *The Boys of Summer*』에서 이렇게 밝힌 바 있다. "재키 로빈슨은 개척자의 짐을 졌다. 그 무게가 그를 강하게 만든 것이다."

물론 로빈슨이 역경을 혼자 이겨낸 건 아니었다. 그에게 기댈 어깨를 내준 인물은 역시 나의 어린 시절 영웅이던 내야수 겸 주장 해럴드 "피위" 리스였다. 그는 로빈슨과 함께 팀을 승리로 이끈 주역이었다. 1947년, 특히나 치열했던 경기 도중에 있었던 일이다. 켄터키 루이빌 출신인 리스는 관중들 앞에서 로빈슨을 힘주어 껴안았다. 신인 팀메이트인 로빈슨을 받아들이고 지지한다는 뜻을 만천하에 알린 셈이었다.

로빈슨의 고매한 인격은 많은 이들을 감동시켰다. 사후에도 그는 대통령이 수여하는 '자유의 메달'과 의회 금메달을 수여받았다. 야구선수로서 받을 수 있는 최고의 명예가 아닌가!

재키 로빈슨과 같은 리더는 팀 안팎에서 오래도록 영향력을 미친다. 이 역시 리더로서의 성공기준 중 하나다. 이러한 영향력은 리더십 문화를 끊임없이 재창조함으로써 생성된다. 즉, 크고 작은 리더의 행동과, 이로 인한 변화에서 비롯된다. 이는 단지 리더의 재임기간에만 국한되는 것이 아니라, 영원한 유산으로 남는다.

작은 실수에 대처하는 리더의 자세는 다르다

'신뢰'는 팀을 이끄는 원동력이다. 앞서 설명한 성실성 및 인격과 더불어, 신뢰도 기업의 성공을 위한 필수 조건이다. 신뢰를 바탕으로 추진력을 일으키지 못한다면? 아마 개혁의 움직임은 정체되고 말 것이다.

훗날 역사는 2008년과 2009년을 '스캔들의 해'로 기억할 것이다. 자본주의 거품이 붕괴되면서 전 세계의 리더십이 비즈니스계와 자본주의에 대한 신뢰 회복이라는 과제를 떠안은 시기로 말이다. 그렇다면 미국 기업들의 명예가 이토록 실추된 까닭은 무엇일까? 리더들이 '보스'처럼 행동한 게 그 주된 원인이 아닐까 싶다. 다음에 열거한 사례를 살펴보자.

- 전 뉴욕 주지사 엘리엇 스피처는 2008년 퇴진 압력에 시달리다 결국 사임했다. 고가의 매춘부들과 깊은 커넥션이 있다는 사실을 처음에는 부인했다가 나중에 시인했기 때문이다.

– AIG는 2008년, 미 정부로부터 구제금융차 850억 달러를 지원받았다. 전체 예산인 약 1,800억 달러 중 첫 분할 지원금이었다. 그런데 AIG는 실적 우수사원들을 초호화 리조트로 휴가 보내는 데 상당액을 쓴 것으로 드러났다. 며칠 뒤에는 연준위Federal Reserve가 회사에 370억 달러를 추가 지원했다는 사실까지 밝혀졌다. 2011년 5월 말까지도 AIG는 자금난에 허덕이는 실정이다.

이런 스캔들의 여파로 가장 큰 피해를 보는 이들은 누굴까? 단연 직원들과 투자자들일 것이다. 지도층 인사들에 대한 그들의 신뢰는 산산이 부서지고 말았다. 경기침체는 대규모 실업사태와 더불어 부서진 신뢰를 더욱 짓밟아 버렸다. 진정한 경제 회복을 위해서는 리더들이 신뢰를 회복해야 한다. 완전한 회복이 힘들면 일부를 되찾는 것부터 시작하자.

직장에 신뢰가 넘치면 높은 실적을 이루는 한편 운영비용이 절감된다. 또한 쓸데없는 소송을 피하며, 유능한 직원들을 확보할 수 있다. 이례적이고 복잡한 시기에 놓여 있다 해도 바람직한 기업문화를 조성하고, 단합을 유도하게 되는 것이다. 게다가 매출도 증대한다. 그러나 요즘의 직장문화에는 신뢰와 같은 '기본기'가 심히 부족한 실정이다.

매일 한 가지씩 새로운 아이디어를 시도하자

리더에게는 부족해진 신뢰를 되살리고 재건하려는 의지가 있어야 한다. 매일, 아니면 매주 한 가지씩이라도 새로운 아이디어를 시도해 보자. 신뢰 회복에 큰 보탬이 될 것이다. 직원들의 신뢰를 되찾을 수 있는 '리더용 처방전'은 다음과 같다.

- CEO를 기용할 때는 고급인력 컨설팅 업체와 이사회가 공동으로 규정한 일반적인 자격요건을 고려한다. 후보의 도덕적 가치관도 빼놓아서는 안 된다. 정부 부처 장관과 연방 대법원 판사를 인준할 때와 같은 신념 및 엄정한 심사기준을 적용해야 한다. 그러려면 이사회가 CEO의 행실과 직장 안팎의 공적을 객관적으로 주의 깊게 살펴보자.

- 로널드 레이건 대통령이 즐겨 인용하던 러시아 격언, "일단 믿어라. 하지만 반드시 검증하라"를 실천하라. 이사회가 관리 및 기업의 '감시단' 역할을 포기하는 사례가 너무도 흔하다. 게다가 본사의 실적보다는, 타사의 형편을 '벤치마킹'하여 CEO의 상여금을 책정하는 경우도 비일비재하다.

- 경영진과 일반 사원들 간의 격차가 큰 상여금 제도를 개선해야 한다. 회사 측은 CEO가 직원들을 파트너로 대우하는, 믿을 만한 리더라는 것을 투명하게 입증해야 한다. 즉, 직원들에게 헌신하겠다는 의지력을 매사에 보여줘야 한다.

- 숨기는 사실 없이, 정보는 가급적 모두 공개한다. '사적인

대화'는 자제하는 것이 좋다. 회사는 각 직원에게 동일한 정보를 제공해야 한다. 또한 직원들이 재차 듣고 싶어 하지 않는 정보는 반복하지 않는다.

● 잘못한 게 있으면 이를 솔직히 시인하고 임직원들에게 직접 털어놓는다.

신뢰에 관한 진실

존중과 섬김, 팀워크 같은 주요 가치관을 요즘 직장환경에서는 찾아보기 어렵다. 이쯤 되면 단어들이 귀에 익지 않는가? 바로 앞서 소개한 미 해병대의 리더십 자질에서 봤을 것이다. 핵심 신조인 '정직'도 추가해 보자. 이러한 가치관들이 더해져 '신뢰할 만한 리더들'을 만들어내는 것이다. 정직은 말을 능가한다. 개개인이나 리더들이 전하는 비언어적 신호도 입으로 뱉어 낸 말만큼이나 중요하다.

진실 혹은 거짓 테스트

상대방이 당신의 눈을 응시하고 말하는지 살펴보라. 특히 지시를 내릴 때 말이다. 그러지 않는다면 진위를 의심해 볼 필요가 있다. 진정한 리더는 솔직하며 말을 번복하지 않는다.

리더는 늘 품행이 겸손하고 남을 배려할 줄 안다. 또한 말을 번복하는 일이 없다. 대화할 때는 상대의 눈을 똑바로 응시한다. 그리고 자신의 신념과 목표는 성취할 때까지 포기하지 않는다. 리더를 꿈꾼다면, 상대방과 주고받는 비언어적인 신호도 리더십의 신조 및 가치관과 일치해야 한다. 그렇지 않다면 그 원인을 분석하여 개선 방향을 찾아야 한다. 언행일치에 좀 더 주의를 기울인다면 상대방은 은연중에라도 그러한 진정성을 느낄 것이다.

진실하지 않기에, 전혀 도움이 되지 않는 실적 평가서를 작성하는 사람도 많다. 실적 평가서가 형식적이거나 개인적 악감정이 배어 있다면? 이를 쓴 자는 '리더'가 아닌 '보스'이다. 리더는 다소 시간이 걸리더라도 정직하고 개방적인 커뮤니케이션을 지향한다. 직원들을 더 잘 알고자 하는 의욕도 강하다. 실적 평가서를 비롯한 주요 서류를 조작하거나 해서 인격이나 성실성에 오점을 남기는 짓 따위는 하지 않는다. 결국 미래의 리더들을 가르치고 그들의 멘토가 되려면 실적 평가서는 솔직하고도 도움이 되는 쪽이어야 할 것이다. 그래야 직원들에게 현실적인 방향성을 제시할 수 있을 테니까 말이다. 주위를 둘러보자. 말도 안 되게 높은 시험 점수가 엉뚱한 학생에게 돌아가거나, 참고인 자격이 없는 사람이 진술서를 쓰는 몰상식한 경우가 많은 게 사실이다. 재차 말하지만, 진솔하고 개방적인 리더의 커뮤니케이션이 직원들의 성공을 도울 수 있음을 잊어서는 안 된다.

칼 레빈은 미 상원에서 원칙에 엄격하기로 소문난 의원이다. 나는 레빈의 선거전에 참여하여 그의 재선 성공을 도운 적이 있다. 또한 사관생도 선발위원회에서 그와 손을 잡은 적도 있다. 하원에서 리더십을 발휘해 온 친형 샌더 레빈처럼 그도 원칙에 충실했던 것이다. 레빈은 보기 드문 리더십으로 수많은 업적을 남겼다. 그가 맡은 리더십 역할은 다음과 같다.

- 정부의 윤리의식 향상을 위해 싸우는 전사
- 정부의 예산 낭비를 저지하는 엄격한 개혁가
- 국가 경쟁력을 키우기 위해 산업을 후원하는 서포터
- 강력한 국내 안보기구를 주창한 운동가

레빈은 어떤 안건이든 사전조사를 철저히 실시했다. 세세한 사항까지 그냥 지나치는 법이 없었다. 의회의 현안들에 대해서도 놀라운 통찰력을 발휘했다. 이처럼 리더십의 핵심은 자신의 비전을 믿고, 원칙에 충실하며, 다른 임직원들이 자신을 따르도록 의욕을 심어 주는 것이다. 성공한 리더들은 다음을 실천하며 산다.

- 겸손, 인류애, 정직 및 근면

- 인내와 끈기

- 비전, 고도의 전략적 마인드, 용기, 그리고 조국과 공익을
  위한 헌신

리더들을 비롯해, 우리 모두는 경험, 시행착오, 리더십 시뮬레이션, 현장 시험, '실황훈련' 및 멘토십을 통해 리더십의 교훈을 배워 나간다. 이 모두가 리더, 그리고 리더 지망생들의 긍정적인 태도에서 출발하는 것이다.

데이비드 브랜든은 그의 화려한 경력에 힘이 되어 준 한 리더의 조언을 다음과 같이 소개했다.

첫 승진 때 아버지께 인격과 성실에 관한 최고의 교훈을 배웠다. 당시, 새로 맡은 팀의 부하 직원들이 이 업계에서는 잔뼈가 굵은 데다 나이도 아버지뻘이라 좀 걱정이 앞섰었다. 아버지는 내가 조언을 구하자 이렇게 말씀하셨다.

"데이브, 여태 그런 일을 겪은 적이 없어 잘은 모르겠다. 하지만 내가 너라면 직원들이 어떤 대접을 원할지 고민해 보고 그렇게 해 줄 것 같구나."

믿어야만 한다

팀이나 기업의 성패는 리더가 직원들의 신뢰를 얻는지 여부로 판가름 나기도 한다. 하지만 요즘엔 어딜 둘러봐도 직장에서의 신뢰가 추락한다는 이야기들뿐이다. 경제의 반등을 위해서라도 신뢰는 반드시 회복되어야 한다. 진정한 리더는 신뢰를 회복하는 요령을 안다. 그리고 이를 위해 시간과 노력을 아끼지 않는다. 직장에서 신뢰가 '실종'되었다고 느끼는가? 그렇다면 그 이유는 무엇일까? 신뢰 회복을 위해 해야 할 일은 무엇인가?

신뢰를 회복하려면 올바른 리더십을 구축해야 한다. 다음은 이를 위해 리더가 시도해 볼 수 있는 방안을 구체적으로 나열한 것이니 참고하기 바란다.

- 직원들의 공로나 성공사례를 인정한다.
- 능력과 도덕 및 성실성에 근거하여 리더나 관리자를 기용한다.
- 기대에 부응하는 관리 및 유지를 위해 확실한 계획에 투자

---

4 데이비드 브랜든, 저자와의 인터뷰, 2011년 5월 29일.

한다.
- 실적에 기반을 둔 공평한 보상 제도를 실시한다.
- 열린 마음으로 솔직하게 직원들을 대한다.
- 책임을 전가하지 않고 잘못을 솔직히 시인한다.

성공한 리더는 자신이 직접 변화의 주체가 될 때 훨씬 원대한 목표를 성취할 수 있다. 특히 강력한 상호지지 기반이나 파트너십, 혹은 인맥을 넓히는 방법을 안다면 더할 나위 없이 좋을 것이다. 중요한 계획을 지지해 줄 서포터들을 동원할 수 있는가? 그런 능력은 어떻게 향상시킬 수 있으며, 계획을 실현할 열정은 얼마나 발휘할 수 있는가? 전략적 동맹관계와 폭넓은 지지층의 확보를 위해 당신이 해야 할 일은 무엇인가?

다음에 당신이 리더십을 발휘할 기회가 오면, 성취하려는 목표와 이를 위한 방법을 스스로가 얼마나 절실히 믿는지 돌아보자. 자기 자신과 소임의 가치를 믿지 않는다면, 어떻게 남의 신뢰를 기대할 수 있겠는가? 당신이나 제3자가 목표 달성에 실패하거나 기대에 부응하지 못했다면 어떻게 하겠는가? 즉시 마음을 추스르고 다른 목표에 매진하는가? 아니면 잠시 여유를 두고 자초지종을 분석하여 당신이나 남의 잘못을 짚어내는가? 그 후 좀 더 바람직한 결과를 위한 방안을 모색하고 다음 목표를 추진하는가? 리더이건 아니건 간에, 우리 모두는 과오를 반면교사로 삼아야 한다. 설사 결과가 좋더라도 마찬가지다. 그간 밟아 왔던 과정의 검토가 필요하다. 더욱 바람직한 결과를 위해 바꿀 점은 무엇인지 분석해 보는 게 중요한 것이다.

역경을 극복하거나 이를 딛고 일어섰을 때, 리더의 능력은 어떻게 향상되는가? 당신 자신의 실패와 성공에서 배울 수 있는 교훈은 무엇인가? 리더십의 맥락에서 봤을 때, 과거에 저지른 실수가 있는가? 그렇다면 이를 써 내려가 보자. 실수를 예방하거나 혹은 손해를 최소화할 대안은 없었는지 떠올려 보자.

리더십을 강화하려면 자신의 자질과 역량뿐 아니라, 타인의 서비스 정신을 믿어야 한다. 권한을 타인과 나누며, 섬김을 받기보다는 도리어 섬기려는 자세도 가져야 한다. 리더로서의 자화자찬은 버리자. 대신 팀원들과 그들의 프로젝트를 칭찬하자.

주변 사람들의 입장과 관점 및 의견도 경청해야 한다. 이는 당신 자신의 관점을 형성하는 데 매우 중요한 데이터이기 때문이다.

그러므로 당신이 전공하지 않은 분야에 탁월한 인재를 등용하되, '예스맨, 예스우먼'은 피하는 것이 좋다. 당신의 판단력, 혹은 육감을 믿어야 한다. 실행 가능한 데이터를 먼저 검토하고 결정을 내리는 것도 좋지만, 데이터가 너무 많으면 판단력 발휘의 중요성도 적어진다는 점을 기억하자.

임직원들을 부지런히 채용하는 것이 효과적이다. 매사에 부정적이거나, 책임을 회피하거나 혹은 팀워크를 저해하는 후보들은 자격 미달이다. 만약 최선을 다했는데도 '불청객'이 팀에 영입되었다면? 잘못을 인정하고 이를 시정하려는 리더로서의 배짱도 있어야 한다.

- 인격은 리더십 계발의 기반이다.

- 리더는 까다로운 과제와 도전에 과감히 뛰어들 줄 안다. 남이 어떻게 생각하든 주저 않고 자신의 가치관과 소신을 밝힌다. 갈등을 회피하려고만 하는 경영자는 경계하라. 갈등은 잘만 활용하면 긍정적인 변수가 될 수 있다.

- 리더는 정직과 성실 등의 주요 가치관을 몸소 실천한다.

- 리더는 스스로의 자질과 비전의 가치를 믿어야 한다. 그래야 부하 직원들도 일할 의욕이 생길 테니까.

- 리더는 직원들의 신임을 얻는 데 주력한다. 그러려면 실력을 바탕으로 인재를 채용하고, 공평한 보상 제도를 실시해야 한다. 또한 정직하고 직선적으로 직원들을 대해야 한다. 잘못을 했다면 이를 시인할 줄도 알아야 한다.

8장

사람은 누구나
자기 인생의 CEO이다

여태껏 과거와 현재의 존경 받는 리더들과, 그들을 성공으로 이끈 자질들을 살펴보았다. 국가, 대기업, 군 당국 혹은 중소기업 등 그 어느 곳에서도 진정한 리더들은 자신들만의 혁신을 일으켰다. 뿐만 아니라 주변 사람들도 성공의 길로 인도했다.

이제 선택은 당신에게 달려 있다. 자신의 열정을 분출하고 타인에게 동기를 심어 주는 리더로 비상할 준비가 되었는가? 이상을 재차 다지고, 내일의 리더가 되기 위해 도전할 각오가 되어 있는가? 물론 그러기가 쉽다는 이야기는 아니다. 리더라는 자리는 영 불편하기도, 꽤 어색할 수도 있으니까. 그러나 우리 모두가 일상이나 직장에서 리더의 자질을 늘 실천한다면, 열 중 아홉은 좀 더 유망한 인재로 발돋움할 것이다.

리더십을 발휘하기까지 숱한 장벽과 함정, 난관이 도사리고 있다는 걱정에 주눅 들지 말자. 더 나은 사람, 더 나은 리더가 되는 데만 집중하면 된다. 성공은 저절로 따라올 테니 말이다. 앞서 언급한 대로, 위대한 리더치고 시련과 고난의 잔을 마시지 않은 사람은 없다. 다만 굳은 신념으로 인내한 결과, 걸출한 위인이 된 것이다. 당신도 할 수 있다.

천만군대는 찾기 쉬우나, 훌륭한 장군 한 명은 얼마나 찾기 힘든가!

중국 속담

위대한 정치 지도자와 스승

오늘날, 포부가 큰 리더라면 로널드 레이건 대통령과 에드워드 M. 케네디 상원의원을 본받아야 한다. 이 둘은 정치적 신념이 크게 달랐음에도 친분이 두터웠다. 그들은 지나친 자긍심으로 일을 그르치는 법이 없었다. 또한 자신보다 명석하거나, 역량이 뛰어난 보좌관을 기용하는 데 조금도 주저하지 않았다. 등용된 인재들도 변절이나 배신을 모르는 이들뿐이었고 말이다. 내 경우도 비슷했다. 팀원들 모두가 나보다 재능이 많았으니까. 케네디 의원이 보기 드물게 뛰어난 보좌관들을 거느렸다는 데 이의를 제기할 사람은 없을 것이다.

케네디와 레이건을 보좌한 베테랑 중에는 계속해서 동기로 지내게 된 이들도 많다. 케네디의 수석 보좌관인 멜로디 반스는 현재 오바마 대통령의 수석 내무 보좌관이고, 케네디의 비서실장을 지낸 케네스 R. 파인버그는 오바마 행정부에서는 이른바 '페이 차르(Pay Czar, 급여 황제)'라 하여 부실자산 프로그램 TARP의 특별보좌관으로 활약하고 있다. 이 밖에도 레이건 집권 시절 부보좌관이었던 존 로버츠는 연방대법원장으로, 특별비서 겸 연설문 작성가인 페기 누넌은 『뉴욕타임스』지가 선정한 베스트셀러 저자 겸 보수 칼럼니스트로 활동 중이다.

리처드 루거 상원의원도 내가 여러 번 유세를 도운 인물 중 하나이다. 그 또한 타인의 성공을 도모하는 탁월한 서번트 리더이다. 인디애나폴리스 시장과 상원 외교관계 위원회 의장을 지낸 그는 인디애나와 워싱턴 DC 및 미국 전역에서 엄청난 영향력을 행사했다. 그럼에도 루거 의원은 겸손하고 친근하며, 헌신적인 스승이었다. 밑으로부터 리더를 세우고, 사람들 간의 합의를 유도하곤 했다. 신념을 밀어붙이는 의지도 강했다. 의회를 떠난 후에도 그의 영향은 오래도록 남을 것이다. 인디애나폴리스에서 시장으로 재직할 당시 그는 '유니거브Unigov'를 창출함으로써 시정부를 개혁했다. 시와 군을 하나의 행정구역으로 통합하려고 한 것이다. 이에 대한 논란도 적지 않았다고 한다. 하지만 인디애나폴리스에 신규 기업을 유치하고, 세계적인 도시로 발전시키기 위해서는 인디애나폴리스 및 주변 지역의 인구 및 조세기반을 확대해야 한다는 게 그의 굳은 신념이었다.

루거 의원이 이룬 다양한 업적은 그의 합의 유도 능력이 뛰어나다는 방증이다. 그는 합리성과 정보소통의 가치를 믿는 리더였다. 치열한 선거전의 정점에서 받은 불리한 질문조차 자신의 관점을 공감케 하는 기회로 바꾸었다. 비판에 대해서는 청중에게 그것이 틀린 까닭을 차근차근 짚어 주고, 상세 정보를 일러 주었다. 특정 의사결정을 내린 복잡한 경위를 해명하기도 했다.

7선에 도전한 루거 의원은 그야말로 인디애나 주의 표상이다. 그는 명석하고, 해박할 뿐 아니라 양심적이었다. 게다가 실리에 밝고, 선견지명을 지닌 공무원이었다. 최근 중요한 법안의 통과를 위해 그가 민주당과 공조한 것을 두고 '지조가 없다'는 비난을 들은 적이 있었다. 그때 나는 텍사스의 샘 레이번과 몬태나의 마이크 맨스필드, 테네시의 하워드 베이커, 미시간의 필립 하트 의원이 떠올랐다. 이들 의원에게도 국익이 당리당략이나 사리사욕보다 더 중요했기 때문이다. 루거 의원을 위대한 리더로 만든 핵심요소가 무엇인지 자문해 보았다. 농사일로부터의 경험? 기업가나 해군 장교로 활약했을 때 얻은 교훈? 인디애나폴리스와 같은 대도시의 시장으로서의 역할 때문이었을까? 이 모든 경험과 그의 가정생활이 복합적으로 어우러진 까닭이 아닐까 싶다. 『타임』지가 그를 미 10대 상원의원으로 선정한 것도 그런 연유일 것이다. 조국을 위해서라면 정치적 생명까지도 내놓을 수 있는 용기와 결단력. 그런 미덕이 바로 그를 위대한 리더로 우러러보는 이유이다.

CEO와 대학 총장, 병원 경영자 및 공직자가 인재 발견과 육성에 주력한다면, 개인과 기업의 실적은 눈에 띄게 향상될 것이다. 리더는 최고의 인재들을 기용하고, 적절히 대우하며, 멘토가 되어 준다. 그러면 다른 일꾼들조차 그 리더를 위해 일하기를 희망하게 되는 것이다.

다우 케미컬의 CEO인 렐런드 돈은 '침묵외교'라는 독특한 리더십을 구사했다. 그래서 기존 리더들과 신진 리더들의 교량 역할을 할 수 있었던 것이다. 그에 힘입어 본사는 지속적인 성공을 거두었다. 돈 화이트헤드는 저서 『다우 스토리: 다우 케미컬의 역사 *The Dow Story: The History of Dow Chemical Company*』(맥그로힐, 1983년)에서 다음과 같이 밝혔다. "렐런드는 '전후의 열악한 형편을 딛고 최고의 호황을 누리기까지' 회사의 선봉을 지켰다."

조직에 '리더십 파이프라인'을 구축하는 것이 리더의 주된 소임은 아니라고 보는가? 다우 케미컬은 한때 여느 유수 기업 및 대학보다 박사학위 소지자들을 더 많이 거느린 적도 있었다.

스포츠계에서는 존 우든과 마이크 슈셉스키, 닉 세이번 및 보 스켐베클러가 리더의 전형으로 꼽힌다. 이들은 팀워크가 갖추어진 선수들을 기용하는 능력이 뛰어나다고 알려져 있다. 선수들을 보스마냥 '휘두르지는' 않았으나, 팀의 기강을 잡는 데는 열심이었다. 농구와 풋볼 경기의 작전 이상의 많은 것을 가르치려고 노력하기도 했다. 그들의 멘토링을 받은 젊은 선수들은 결국 인생의 챔피언이 되었다.

리더는 때와 장소에 구애받지 않는다

군대나 의회 및 경영진에만 리더들이 포진해 있는 것은 아니다. 어떤 의미에서 우리는 모두 선장이다. 때와 장소, 환경을 가리지 않고 타인의 귀감이 될 수 있는 것이다.

두 인물의 예를 소개할까 한다. 첫째로, 캘리포니아 시미 밸리의 마이크 안드레스는 유수 기업의 CEO가 아닌 자원봉사자이다. 그럼에도 주변인들에게 훌륭한 리더로 인정받고 있다. 최근까지 그는 로스앤젤레스 노던 트러스트 오픈 골프 토너먼트의 안전요원 봉사를 자원해 왔다. 리비에라 컨트리클럽 링크에서 경기의 무리 없는 진행을 돕는 것이 그의 소임이었다.

안드레스는 자신의 역할을 항상 진지하게 생각했다. 토너먼트를 앞두고는 자원봉사 팀에게 전화와 이메일 등으로 참가선수들에 대한 새로운 소식을 통보했다. 스타선수이건 아니건 간에 말이다. 기본적인 업무 외에, 선수들이 토너먼트를 더 잘 이해하도록 길잡이가 돼 주기도 했다. 수익금이 돌아가는 자선단체들과도 두터운 친분을 자랑했다. 선수 개개인의 취향과 개성에 따라 벌어질 수 있는 시나리오도 꿰뚫고 있었다. 그런 면에서 그는 대기업 CEO와 별반 다르지 않았다. 안전요원 팀원들이 참가선수를 일일이 파악하고, 어떤 기습사태에도 대응하도록 만반에 조치하는 것이 그의 목표였으니까.

전 공군 대령 출신인 에드 파글리아소티도 자원봉사자로서 본을 보이는 리더이다. 그는 벤투라 카운티 해군기지의 퇴역군인 활동사무소에서 자원봉사 대표로 활약하고 있다. 전직 군무원 가족들이 군사행정을 이해하고, 당국의 서비스 혜택을 받게끔 돕는 것이 그의 주된 역할이다.

비록 무급여의 봉사였지만 파글리아소티는 진지했다. 정부 행정처로서의 손색이 없도록 부지런히 움직였다. 숱한 난관 앞에도 타고난 유머감각과 결단력을 잃지 않았다. 그의 리더십 자질과 서비스 정신에 대한 의욕은 정말 놀라울 정도였다.

대인관계는 최고의 자산이다

전 미 국방장관 로버트 게이츠가 부시 및 오바마 행정부에서 입증했듯이, 리더십에서 대인관계가 차지하는 비중은 매우 크다. 정부나 직장, 가정에서도 목표를 성취하려면 제3자와의 협력이 무엇보다 중요하다. 그들이 없다면 장기적인 성공은 불가능할 것이다. 혼자서는 리더가 될 수 없으니 말이다. 목표를 성취하려면 비전에 동감하는 든든한 '제군'이 필요하다. 최근 세계 유수의 경영대학원들이 경험학습과 비판적 기술계발 및 '대인기술'의 중요성을 이제 막 깨닫기 시작한 건 흥미롭다. 바로 지금이 타인과 능률적으로 협력해야 할 때라는 것을 시사하는 대목이 아닐까 싶다.

진정한 리더라면 모든 이해관계자들에게 귀를 기울여야 한다. 가장 기본적인 것은 직원들과의 소통이다. CEO는 직원들, 주요 주주들과의 커뮤니케이션에서 유익한 교훈을 얻을 수 있음을 깨달아야 한다. 원활한 소통은 '쌍방향 신뢰'를 싹트게 한다. 그리하여 리더의 비전이 모두의 현실이 되는 것이다.

가정에서 리더십의 본을 보인다

직장생활과 가정생활에서 배우는 교훈은 그리 다르지 않다. 암웨이 공동창업주이자 NBA 올랜도 매직 구단주인 리치 디보스에 따르면 "리더십은 가정에서부터 하는 것"이다. 디보스 또한 역경을 모를 리 없었다. 비즈니스 세계의 1인자가 되기까지 숱한 난관을 극복해야 했으니까. 그는 믿음직스럽고 지칠 줄 모르는 의욕을 지닌 리더이다. 자유기업 사회에서 소신이 확고한 챔피언인 것이다.

수년 전, 아내 조앤과 내가 결혼하기 전에, 주례를 선 목회자에게서 비슷한 조언을 들었다. 그는 가정에서 리더십의 본을 보여야 함을 강조했다. 또한 부부생활에 관련된 책을 읽고 토론도 해 보며, 화가 나더라도 이를 가라앉히고 난 뒤에 잠을 청하라고 했다(그래서 피곤에 겨워 그 이튿날 근무시간이 지루하리만큼 길게 느껴진 적도 있었다). 개인적인 목표를 확고히 한 후에 혼인식을 올려야 함을 강조하기도 했다. 가정이 오래도록 화목하려면 서로가 '150%'를 노력해야 한다는 것이 그의 결혼관이었다.

물론, 실제 가정문제를 의논할 때 '리더십'이라든가 '공익 서비스'라는 단어를 쓴 건 아니었다. 양가 부모님 댁에서도 그런 용어가 오갔던 적이 없었고 말이다. 그래도 리더십과 공익 서비스는 두 가정에 모두 충만해 있었다. 겉으로 불리는 명칭은 그리 중요하지 않았다.

진정한 리더십은 가정과 직장에서 풀타임으로 돌아간다. 우리 부부가 세운 부부생활의 철칙 몇 가지를 열거해 보기로 하겠다.

• 작전을 짜라

(흔히 기업에서는 이를 '비전'이나 '전략'으로 부른다)

결혼생활의 몇 가지 기본적인 토대를 마련하는 것이 좋다. 예컨대, 살고 싶은 지역을 서로 합의해서 결정하는 것이다. 우리 부부에게는 평생교육이라는 개념이 매우 중요했기에 훌륭한 대학이 있는 곳이 제격이었다. 다양성, 다문화가 풍부한 지역이면 더할 나위 없었다.

이처럼, 적극 참여할 수 있는 지역사회를 선택하는 게 좋다. 가정을 이루기 전에 동네 사람들과 친분을 다져 두는 것도 필요하다(우리는 결혼 후 4년째에야 그럴 수 있었다). 그리고 각자의 직장에서 퇴근하고 왔을 때는 하루의 경험을 나누며 애정을 확인하는 생활을 반복하는 것이 좋다.

• 도덕적 기준을 높여라

(기업으로 따지면 '윤리적 원칙'이나 '성실성'에 해당한다)

우리 부부는 신념을 실천하기 위해 늘 노력했다. 그리고 가정을 이룬 후에는 교회를 선택하여 그 울타리 안에서 아이들을 양육했다. 강건한 가정의 토대를 이루는 데는 종교도 중요한 역할을 한다고 보았기 때문이다.

• 가정의 전통을 창조하라

(기업의 '기업문화'와 같은 맥락이다)

나는 아이들에게 그들과 여러모로 다른 사람들과 잘 어울리는 법을 가르치고 싶었다. 또한 아이들뿐 아니라 우리 부부의 예술과 문화, 역사에 대한 지식을 넓히고자 했다. 그래서 가능한 한 많은 지역들과 해외를 방문할 계획을 세웠다. 나아가 아이들이 자율성과 타인에 대한 존중 및 예의범절을 배우길 바랐다. 뿐만 아니라 역경을 극복하는 요령의 습득도 중요하게 보았다. 실패는 성공의 어머니요, 인격과 인내를 키우는 스승이니까. 서로 사랑하고, 인생을 즐기며, 낙천적인 마음을 갖는 것. 지금 가진 것에 감사하고, 형편이 어려운 이웃을 돕는 것도 아이들의 인성 발달을 위해 필요하다.

• 성공을 위한 기술을 계발하라

(기업적 맥락에서는 '집중'과 '실행' 및 '위험 감수'와 같은 기술이다)

우리는 아이들이 능동적으로 생각하고, 모든 일을 스스로 하며, 바다같이 넓은 마음을 갖길 바랐다. 종교적인 면과 비종교적인 면을 두루 포용하면서 말이다. 그래서 아이들이 지적 호기심이 높고, 다독을 생활화하며, 관점이 다양한 사람들과 어울리게 하는 데 힘썼다. 아이들에게 의욕과 용기를 심어 주고, 우러러볼 만한 '영웅들'도 만나게 해 주려고 했다. 그래서인지, 다른 건 몰라도 "엄마, 아빠, 심심해요"라며 투정 부리는 모습은 우리 집에선 보기 드물었다. 아이들의 시야를 넓히려고 가정에서 토론도 일삼고, 좋은 책도 읽히고, 보이스카우트 활동도 장려했다. 그뿐인가. 콘서트에 가고, 운동도 하고, 갤러리도 감상하고, 강연도 듣고, 여행도 많이 다녔다. 많은 대화를 나누면서 말이다.

우리 부부는 아이들의 역량을 극대화할 교육방법에 대해서 자주 얘기를 나누었다. 한번은 아내가 앨라배마의 전설적인 풋볼 코치인 폴 "베어" 브라이언트의 인용구를 내게 알려준 적이 있다. 결코 잊지 못할 명언이었다. 우리 부부가 교육을 통해 자녀들에게 가르치고 싶었던 핵심이 완벽하게 녹아들어 있었다.

"이기고자 하는 승부욕이 중요한 게 아니다. 그건 누구나 가진 본능이니까. 승리를 위해 준비하려는 의지가 진정으로 중요한 것이다."

사람들은 받으며 생계를 이어가고, 주면서 인생을 가꾸어 나간다.[1]

윈스턴 처칠 경

리더십 기술을 업그레이드하라

이제는 당신이 선두에 설 차례다. 진정한 리더로 발돋움하는 것이다. 리더십은 장소에 따라, 혹은 개개인의 스타일에 따라 달라질 수 있다는 사실을 기억하자. 물론 팀원들과 기업의 성공을 이루려면 리더가 팀의 사기를 진작시켜야 한다는 점은 늘 한결같다. 수년간 현장에서 수집한 나의 리더십 비법을 아래에 간추려 보았다. 당신의 리더십 기술을 '업그레이드'하는 데 도움이 되길 바란다.

---

1 윈스턴 처칠, 『모던 크로니클: 완결*A Modern Chronicle: Complete*』(잉글랜드 미들섹스: 에코 라이브러리, 2007년).

• 고용

직원을 채용하기 전에 "이 사람과 진정 동고동락을 같이하고 싶은가?"를 자문해 보라. 그렇지 않다면 고용하지 않는 편이 낫다. 결국 리더십의 성패는 팀워크에 달려 있으니까. 팀원들 간에 서로 긴밀히 협력하고 희생할 각오가 돼 있어야 한다.

• 해고

변화를 위한 모든 대안이 실패했을 때 내놓는 최후의 카드가 바로 해고다. 떠나는 직원이 자신에게 더 잘 맞는 직장을 찾도록 진심으로 도와주자. 때로는 해고만이 다른 직원들 및 기업의 미래에 정답인 경우도 종종 있다.

• 팀워크

팀을 구성하고, 팀원 개개인의 능력에 합당한 역할과 책임을 부여하는 것이 리더십의 기본이다.

• 혁신

리더십은 혁신을 내포한다. 여기서 혁신이란 포괄적인 목표 달성을 위해 전략적으로 기업이 발전할 수 있게 유도하는 것을 의미한다. 성공한 리더는 기업의 운명을 바꿀 혁신을 예측할 수 있다.

• 대응책

리더는 마치 미식축구의 '쿼터백' 포지션처럼 드넓은 필드를 미리 내다 봐야 한다. '라인배커linebacker'와 '디펜시브 백defensive back' 포지션의 움직임을 예측하고, 때로는 스크리미지 라인에서 작전을 변경해야 하기 때문이다.

유능한 현역 리더들 중, 전·현역 사병 및 장교 출신이 많은 까닭도 여기에 있지 않을까. 일반인들보다 더 많은 전술을 배우니 말이다.

• 정직

마이클 브래드베리는 정직의 중요성을 강조한다. "내가 깨달은 교훈이 있다면, 언제나 100% 정직해야 한다는 것이다. 국민은 리더들의 실수를 용서할 수 있다. 하지만 이를 은폐하려는 작태는 용서하지도, 망각하지도 않는다."

• 원대한 성취

열정과 자부심은 성공하는 팀의 원동력이다. 의욕이 충만하고, 자신의 목표와 리더의 비전을 믿는 팀원은 실적을 쌓는 데

열심이다. 또한 기업의 인지도를 넓히고 성공을 일궈 내는 데
일념한다. 다른 직원들의 본보기가 되려는 마음도 크다.

• 배려와 친절

리더는 자신의 부서나 직위를 막론하고, 남을 배려하고 친절
을 베푼다.

직원들에게 표면적인 보상을 넘어 가슴 벅찬 흥분을 심는다

리더로서 직원들의 의욕과 동기를 어떻게 불러일으킬 것인
가?

지금까지 40년간 여러 리더들과 연구하고 협력하여 얻은 결
과의 핵심을 소개하려 노력했다. 진정한 리더는 정직과 성실,
비전, 열정, 헌신, 커뮤니케이션 및 접근성 등 '리더십 8계명'에
항시 전념한다. 하지만 기업의 장기적인 성공을 위해서는 한
가지가 더 필요하다. 바로 직원들에게 가슴 벅찬 흥분을 심어
주어야 하는 것이다. 그러려면 직원들의 공로를 아낌없이 치하
해야 한다.

금전적인 보상을 해 주는 것도 좋다. 하지만 모든 리더가 직

원들의 실적에 보너스를 지급할
만큼 형편이 넉넉하지는 않을 것
이다. 그럴 때는 축하나 감사의 메
시지를 전해 보는 건 어떨까. 효과
가 더 있으면 있지, 결코 덜하지는
않을 것이다. 2장에서 살펴본 바
와 같이, 성과에 대한 인정은 특히
밀레니엄 세대에게 중요한 가치이

"수고했네." 흑백으로 제작한
'브라보 줄루' 카드

다. 물론 칭찬을 싫어할 세대는 없겠지만 말이다.

나는 감사의 표시를 전할 때 수년간 8cm×13cm 크기의 인
덱스 카드를 애용해 왔다. 깃발 두 개 모양의 그림 아래 '브라보
줄루Bravo Zulu'라는 문구를 적는다. 특별 성과를 달성한 팀원들
을 칭찬할 목적으로 제작한 것이다.

'브라보 줄루'는 해군 용어로 '수고했네'라는 뜻이다. 카드 뒷
면에는 친필로 격의 없고, 상투적이지 않은 감사의 메시지를 적
곤 한다. 물론 이런 카드를 너무 자주 '뿌린다거나' 장난의 수단
이 되면 그 효과는 반감된다.

텍사스 휴스턴 소재의 커딜 롤렛 스캇 건축회사의 총수 빌
커딜도 '브라보 줄루 카드'에서 영감을 받은 카드를 만들어 쓰
고 있다. 회사 로고로 장식된 카드에 감사의 메시지를 담아 모

범 직원들에게 건네주는 것이다. 글과 함께 만화도 곁들여 재미도 있고 개성도 만점이다. 카드를 받은 직원들은 마치 사병이 훈장을 전시해 두듯, 카드를 압정으로 꽂아 둔다고 한다.

더 이상 진부한 리더십은 설 자리가 없다. 진정한 리더라면 개성 있는 리더십 노하우와 스타일을 가져야 한다. 물론, 당면 과제의 크고 작음을 떠나, 강한 의지와 열정을 보이는 것은 모든 리더들이 공통적으로 지녀야 할 미덕이다. 리더 지망생들이 가장 하기 쉬운 착각은 '다른 리더들을 따라 하기만 하면 되겠지'라는 것이다. 리더십 스타일을 모방만 한다고 리더로 성공하는 것은 절대 아니다. 자신만의 개성을 찾고 업무에 열정을 불태워야 한다.

훌륭한 리더들이건, 단순한 보스들이건, 이들을 관찰할 필요가 있다. 경험과 관행을 연구해 어떤 게 좋은 리더십인지 아닌지를 판가름하는 것이다. 그래야 위대한 리더로 성장할 수 있다. 회사의 업무 현황을 찬찬히 지켜보자. 텔레비전이나 라디오, 휴대용 단말기로 뉴스에 등장하는 리더들이 어떻게 소통하는지 살펴보는 것이 효과적이다. 그들이 나누는 정치적인 담화도 연구해야 한다. 상대방의 동의를 유도하는 태도나 요령, 접근법은 무엇인가? 어떤 안건은 추진하고, 또 어떤 것은 포기하게 되는 경위는 무엇인가? 이 모든 것들이 리더십의 성패를 연구하는 데 도움이 된다. 이를 통해 소중한 교훈을 얻을 수 있을 것이다.

리더십을 발휘하는 데 있어서 자신의 주요 신념이 무엇인지를 써

보자. 그리고 다른 사람들의 특출한 리더십 특징들도 적어 보자. 두 리스트를 읽고 나서 이를 얼마나 실천하고 있는지 돌아보라. 세 번째 리스트에는 '자칭 리더들'에게서 보이는, 별로 닮고 싶지 않은 특징을 적어 보자. 이를 어떻게 피할 것인가도 궁리해 보는 것이 좋다. 또 특별히 두드러지는 자신의 취약점이 있다면, 그 개선방법도 생각해 보자. 이렇게 하면 리더십을 계발하는 데 큰 도움이 된다. 앞서 언급했던 '서번트 리더십'도 기억할 것. '서번트 리더십'은 '부하'나 '아랫사람'을 거느린다는 개념이 아니다. 서번트 리더는 팀을 지키는 존재다. 팀원들을 돕고 격려하며, 그들에게 본을 보임으로써 섬김의 진정한 의미를 몸소 가르치는 것이다.

- 성과를 방해하는 걸림돌은 완전히 제거하라. 리더는 장애물 극복 요령을 터득하고, 경험을 바탕으로 성장한다. 그리고 결국에는 성공을 거둔다.

- 우리는 모두 각자의 인생의 CEO이다. 바른 태도와 관점, 그리고 리더십 노하우만 있다면 원대한 목표를 달성할 수 있다. 얼마 전 작고한 스티브 잡스는 다음과 같이 말했다. "당신에게 주어진 시간은 제한되어 있습니다. 다른 사람의 삶을 살아 주며 시간을 낭비하지 마십시오." 애플사의 공동 창업주인 그는 그야말로 탁월한 개척자였다.

- 리더는 혼자서 성공할 수 없다. 리더의 비전을 이해하고, 목표 성취를 도울 수 있는 역군이 곁에 필요하다.

- 리더는 주변 사람들도 성공할 수 있도록 의욕을 심어 줘야 한다.

- 리더는 '리더십 8계명'에 항상 전념한다. 또한 장기적인 성공으로 이끄는 벅찬 흥분을 타인에게 심어 준다. 직원들의 성공에 관심을 갖고 이를 치하할 줄도 안다.

- 리더는 자존심을 내세워 일을 그르치지 않는다.

감사의 글

이 책이 나오기까지 여러모로 도와주신 분들께 깊은 감사를 드린다. 우선 마이클 린 아담스를 비롯하여, 래리 에임스와 켄 비츨러, 듀크 블랙우드(로널드 레이건 도서관 관장), 법학 박사인 마이크 브래드베리, 데이비드 브랜든, 의학 박사 유진 A. 바우어, 존 챔벌린, 잭 M. 크라이스트 박사, 마이크 크래프트, 스캇 데니스 및 도서관 사서들(미시간 대학 도서관), 리치 드보스, 헨리 더 브로프, 조 덜린, 돈 드푸이, 해럴드 에드워즈, 팀 엘슨(뷰캐넌 그룹), 리사 에반스, 짐 핀켈스타인(미 해군, 퇴역) 씨에게 감사드린다. 제프 포크스, 스티브 그래프턴, 로스 K. 골드버그, 에릭 헤이건, 노엄 하트먼, 마크 헴케, 하워드 S. 하우디 홈즈, 빌 커니, 캐롤 키오처키안, 에밀리 크루거, 리처드 G. 루거 상원의원, 마이크 맥커리, 법학 박사 브루스 맥로이, 잰 멘던홀, 존 T. 무어, 메리 올슨, 랜스 오로즈코 씨도 책이 나오는 데 많은 도움을 주셨다. 레슬리 M. 팜 소장, 토니 펠스, 오라 히르쉬 페스코비츠, 메리앤 래드클리프, 딘 레널(웰스 파고 애리조나 지부 사장), 짐 론도, 의학 박사 리처드 슈라이너, 리사 쿠에바스 쇼, 블레이즈 심쿠, 로라 M. 스미스, 돈 스틸, 레이먼드 선, 존 울먼, 말리즈 반 롬버러, 미셸 본 담브로스키, 패티 와이드, 클리프턴 R. 와튼 2세 박사 및 돌로레스 D. 와튼 부부의 수고도 빼놓을 수 없다.

이분들은 이 책에 대한 남다른 관심으로 시간을 아끼지 않고 소박하지만 사려 깊은 비평을 해 주셨다. 또한 이 책을 집필할 수 있게 의욕을 북돋아 주는가 하면, 기타 여러 방면으로 도움을 주셨다. 큰 신세를 졌기에 한 사람도 빼놓지 않으려 했으나, 본의 아니게 이름이 누락되었다면 깊은 용서를 구한다.

그리고 의료와 고등교육, 해군, 해병대 등 다양한 분야에서 내로라하는 프로 팀, 리더들과 함께 호흡할 수 있었음에 감사한다. 미국 전역에서 가장 촉망받는 리더들과의 교류를 통해 겸손을 배울 수 있었다.

또한 나의 글을 실어준 언론사들에도 공개적으로 고마움을 전하고 싶다. 『커뮤니케이션 쿼털리*Communication Quarterly*』, 『코스트코 커넥션*Costco Connection*』, 『로스앤젤레스 비즈니스 저널*the Los Angeles Business Journal*』, 『로스앤젤레스 데일리 뉴스*the Los Angeles Daily News*』, 『머린 코어 가제트*Marine Corps Gazette*』, 『밀러맥컨 매거진

Miller-McCune Magazine』, 『모던 헬스케어Modern Healthcare』, 『퍼시픽 코스트 비즈니스 타임스Pacific Coast Business Times』, 『페이어스 앤 프로바이더스Payers & Providers』, 『세일즈 앤 서비스 엑셀런스Sales and Service Excellence』, 『산타 바버라 뉴스 프레스Santa Barbara News Press』, 『스탠포드 대학 리포트Stanford University Report』, 『전략 헬스케어 마케팅Strategic Health Care Marketing』, 『사우전드 오크스 아콘Thousand Oaks ACORN』, 『트러스티십 매거진Trusteeship Magazine』, 『AGB』, 『미 해군협the U.S. Naval Institute』 및 『프로시딩스 매거진Proceedings Magazine』, 『벤투라 카운티 스타the Ventura County Star』 등이 내 글을 실어 주었다.

내가 읽은 리더십 관련 책 및 기사를 쓴 저자들은 모두 소중한 가치를 일깨워 주었다. 이들은 댄 베컴과 워렌 베니스, 램 차란, 짐 콜린스, 크리스 디노브, 로스 골드버그, 존 코터, 제임스 쿠지즈, 래리 로어, 제프리 페퍼, 배리 포스너, 찰스 오라일리, 로버트 시비어, 로버트 서튼, 윌리엄 톰슨 및 노엘 티치 등을 비롯한 저명한 저술가들이다. 그들에게 이렇게 부탁하고 싶다. "사람들이 이 격변하는 세상에서 리더십 기술을 더 깊이 이해할 수 있도록 집필을 멈추지 말아 달라"고.

특히, 탁월한 지도력과 판단력으로 함께해 준 로스 골드버그(케빈/로스 PR 사장)에게 깊은 감사의 뜻을 전하고 싶다. 그의 현명하고 진솔한 조언은 누구도 흉내 낼 수 없을 것이다.

또한 나를 믿고 오 리를 가 달라면 십 리까지도 가 줄 정도로 큰 힘이 되어 준 출판사의 팀원들에게도 감사드린다. 끝으로, 저술 파트너이자 멘토와 편집인으로 뛰어난 능력을 발휘한, 세컨드 시티 출판 서비스의 신시아 지그문트와 수전 J. 마크스, 로라 M. 스미스에게도 고마움을 전한다. 그들의 지도와 해박한 지식, 저술적 전문성은 단연 최고였다!

리치 아이흐의 리더십 스타일은 워렌 베니스와 맥스 디프리, 존 그린리프, 피터 드러커, 재키 로빈슨 및 콜린 파월의 스타일을 적절히 섞어 놓은 듯하다. 그는 혁신의 선구자로 여러 직책을 통해 직접 체험한 경영 관행의 개혁을 위해 부단히 노력해 왔다. 리더십 및 경영 컨설턴트로서 리치는 몸소 리더십 분야의 '모범 사례'가 되고 있다.

스티브 그래프턴

미시간 대학 동문회 회장

리치 아이흐가 주장하는 리더십의 본질은 경청과 분석과 소통이다. 그만의 노하우와 자기 훈련, 이를 뒷받침하는 리더십에의 본능은 어떤 문제상황에서도 빛을 발하는 소중한 자산이 될 것이다.

유진 A. 바우어

전 스탠포드 대학 의료센터 CEO 겸 동 대학원 의과대 학장

　리치 아이흐는『1% 리더의 습관』을 통해 리더십의 본질을 포착한다. 순전히 자신의 개성과 야망만으로 승승장구하거나 막대한 부를 창출하는 사람들도 있다, 하지만 막상 그들이 떠나자마자 기업은 쇠퇴하는 경우가 허다하다. 숱한 '사상자'를 남긴 채. 따라서 진정한 리더라면 맡은 바 소임을 다함은 물론, 인내와 절제 등의 미덕도 갖추어야 한다. 또한 직원들을 아끼고 몸소 그들의 멘토가 되어 도전정신을 이끌어내야 한다. 직원들의 인격 계발을 돕기 이전에 자기만족도 터득해야 할 것이다.

레슬리 M. 팜
전 해병대 연합재단 CEO

　『1% 리더의 습관』은 성공하고자 하는 이들의 필독서로 손색이 없다. 저자는 자신의 성공을 통해 익힌 리더십 비법을 수많은 대학생들과 나누고자 하는 열정을 보여 왔다.

해럴드 에드워즈
리모네이라사 사장 겸 CEO

　리더십을 다룬 책은 대부분 읽을 가치가 없다. 진부한 이론만 들먹여 리더십의 본질을 놓치기 때문이다. 하지만『1% 리더의 습관』만큼은 예외다. 리더십의 필요성과 노하우에 대해 알고 싶은가? 그렇다면 이 책을 들어, 단 몇 시간만 투자하라. 꿈에 그리던 리더가 되는 데 필요한 통찰력을 얻게 될 것이다.

로버트 A. 시비어
스타마츠사 수석 부사장

리치의 책에는 경제적 한파 속에서 조직을 승리로 이끈 각계각층의 리더들에 대한 내용이 가득하다. 리치는 위대한 리더가 지녀야 할 원칙과 도덕, 성실성에 대해 남다른 열정을 보인다. 세상에 믿을 사람 없다지만 그만은 예외다!

로스 K. 골드버그
케빈/로스 PR 사장 겸 의료·시장개발협회 공동창업주

이 책을 통해 알 수 있는 가치 중 하나는, 진정한 리더는 오랜 시간 한결같이 조직 곁에 남는다는 것이다. 조직이 성공을 이루는 걸 지켜보면서 말이다. 기꺼이 열정을 바쳐 기업을 이끈 리더들의 사례를 통해, 독자들은 많은 교훈을 얻게 될 것이다.

댄 베컴
베컴 컴퍼니 사장

리치 아이흐의『1% 리더의 습관』을 읽을 때는 형광펜으로 줄을 긋는 노력을 하지 않아도 된다. 각 장마다 '리더십 노트'라는 섹션을 마련해서 리더십의 핵심 포인트를 짚어 주고 있으니까. 정말이지, 노트에 필기하고 싶은 글들뿐이다. 하지만 그 내용은 판에 박힌 교과서나 강의와는 다르다. 아이흐를 훌륭한 리더십의 스승으로 뽑는 이유는 단지 리더십에 대해 소개하는 데 그치지 않기 때문이다. 대신 진정한 리더십이 무엇인지를 '보여'준다. 책 전반에는 작가의 삶이 그대로 녹아 있다. 직접 사회 각계 각층(스포츠, 학계, 군사계, 기업계, 정부기관 등)의 리더들과 만난 경험으로 독자들을 안내하는 것이다. 심지어 자신의 가정생활로부터 얻은 통찰력까지 더한다. 그럼으로써 그는 독자들이 자신들의 삶 속에서 바람직한 리더십 모델을 찾아내도록 도와주고 어떤 리더로 성장해야 할 것인지 지침을 제시한다.

아이흐의 글을 통해 리더라면 인내, 고매한 인격, 겸손, 존중과 온정, 그리고 배짱을 가져야 함을 이해하게 될 것이다. 각각의 에피소드를 읽다 보면 독자들은 자신들의 삶 속에서 특히 뛰어난 리더들의 예를 떠올리게 된다. 물론 특히 고약했던 리더들도 말이다. 그렇게 생각에 빠져 있다가도, 독자들은 어느새 아이흐의 유머 섞인 일화에 집중하는 자신들을 발견할 것이다.

이 책이 독자들의 책장에 영원히 자리하게 될 것이라 확신한다. 읽고 또 읽으며, 아이흐의 '리더십 8계명'을 마음에 새기면서 말이다.

K. A. 호퍼

나는 이 책을 항상 서류가방에 챙겨 다닌다. 어찌나 반복해서 읽었는지 책 여기저기를 접어 놓은 흔적이 역력할 정도다. 아이흐의 통찰력은 실제 사례를 통해 뒷받침되고 있다. 그의 비즈니스, 군사, 지역사회에서의 풍부한 리더십 경험과 넓은 네트워크는 이 책에 사고의 깊이를 더한다. 이 책을 읽노라면, 내 선임들의 가르침이 떠오르곤 한다. 그리고 이제는 나도 내 후임들에게 비슷한 가르침을 주고 있다. 진정한 리더가 되라고. 이처럼 간결하고, 실용적이면서도, 강력한 리더십 저서를 낸 아이흐에게 감사할 따름이다.

마크 벤더클리프

리치 아이흐는 이 책을 통해 "진정한 리더는 모든 관점에 귀를 기울이고, 모두를 존중한다. 그리고 변화를 위한 여정 길에 오른다"라는 점을 다시금 상기시킨다. 나는 인디애나폴리스에서 여러 해 그와 같이 일한 적이 있다. 그에게서 배운 가장 큰 교훈 중 하나는 '남의 말을 경청하는 프로'가 되라는 것이었다. 나 같은 마케팅, 홍보 담당자들은 자기 말하느라 바쁜 게 사실이다. 하지만 '경청'에도 그만큼 투자를 해야 마땅하다. 『1% 리더의 습관』은 아이흐의 경력을 아우르는 흥미진진한 이야기로 가득하다. 이 책은 좀 더 대화하고, 좀 더 경청하는 진정한 리더가 되도록 독자들의 의욕을 불러일으킬 것이다.

메리 M.

Allen, Judy. *Event Planning*. Etobicoke, Ontario: John Wiley & Sons, 2003.

Bennis, Warren. *On Becoming a Leader*. Reading, Mass.: Addison-Wesley, 1989.

Bennis, Warren, and Burt Nanus. *Leaders*. New York: HarperCollins, 1985.

Bennis, Warren, and Robert J. *Thomas*. "Crucibles of Leadership." Harvard Business Review on Developing Leaders. Boston: Harvard Business School Press, 2004.

Collins, Jim. *Good to Great*. New York: HarperCollins, 2001.

______. *How the Mighty Fall*. New York: HarperCollins, 2009.

Drucker, Peter F. "The American CEO." *The Wall Street Journal*, December 4, 2004.

______. *The Effective Executive*. New York: HarperCollins, 2002.

______. *Managing The Non-Profit Organization*. New York: HarperCollins, 1990.

Eich, Ritch K. "Business Lessons for the Family." *Costco Connection 26*, no. 3 (2011): 15.

______. "Giants Manager Baker Bats a Thousand in Prostate Cancer Treatment." *Stanford Report* (September 25, 2002).

______. "Leadership Wake-Up: The Millennials are Coming," *Ventura County Star* (February 21, 2010).

______. "Marching to the Beat of a Different Drum Major."

Miller McCune.com (March 13, 2011).

________. "Your Reputation Precedes You." *Trusteeship* 14, no. 3 (2006): 13~17.

Eich, Ritch K., and William E. Wiethoff. "Toward a Model of Hierarchical Change." *Communication Quarterly* 27, no. 1 (1979): 29~37, and Taylor & Francis Group Ltd. (www. informaworld.com) on behalf of the Eastern Communication Association.

Erwin, Dan. Why Is Defense Secretary Gates So Successful? Blog, February 9, 2010. http://danerwin.typepad.com/ my_weblog/2010/02/why-is-defense-secretary-gates-successful.html.

Farnham, Alan. Forbes Great Success Stories. New York: John Wiley & Sons, 2000.

Gagne, Matt. "A Fine Vintage." Sports Illustrated, February 7, 2011: 51. Gerstner, Lewis V., Jr., Who Says Elephants Can't Dance. New York: HarperBusiness, 2002.

Sevier, Robert A. *Building a Brand That Matters*. Hiawatha, Iowa: Strategy Publishing, Inc., 2002.

Sutton, Robert I. *Good Boss, Bad Boss*. New York: Business Plus, 2010.

________. *The No Asshole Rule*. New York: Warner Business Books, 2007.

브랜드 전문가 아커

Aaker on Brands(www.prophet.com/blog/aakeronbrands)
데이비드 아커의 블로그. 글로벌 전략 브랜드·마케팅 컨설팅 기업 '프로페트
Prophet'의 부회장인 그는 브랜드 관련 저술가로도 유명하다.

아이흐 어소시에이티드

Eich Associated(www.eichassociated.com)
전략 브랜딩, 마케팅, 커뮤니케이션 및 경영 코치 컨설팅 회사. 대표는 이 책의
저자인 리치 아이흐다.

하버드 비즈니스 리뷰 블로그 네트워크

Harvard Business Review Blog Network(http://blogs.hbr.org)
비즈니스와 경영 및 리더십 전문가들의 블로그.

헤이 그룹

(www.haygroup.com/ww/Index.aspx)
글로벌 경영 컨설팅 회사로, 리더십과 경영, 비즈니스 전략 등, 방대한 정보를
자랑한다.

직장 리더십/하버드 비즈니스 리뷰

Leadership At Work/Harvard Business Review
(http://blogs.hbr.org/baldoni)
리더십과 컨설팅 전문가 겸 저술가인 존 발도니John Baldoni의 블로그. 좀더 자

세한 사항은 www.johnbaldoni.com에서 확인할 것.

맥킨지 쿼털리

McKinsey Quarterly(https://www.mckinseyquarterly.com/home.aspx)
경영 전략 기사와 여론조사 및 맥킨지 & 컴퍼니에서 실시한 인터뷰를 게재한
인터넷 비즈니스 저널.

세스의 블로그

Seth's Blog(http://sethgodin.typepad.com)
베스트셀러 작가 겸 마케팅·리더십 전문가인 세스 고딘Seth Godin의 블로그.

워크 매터스

Work Matters(http://bobsutton.typepad.com)
스탠포드 대학에서 경영학을 가르치고 있으며 비즈니스 및 경영 심리학의 전문
가이기도 한 로버트 (밥) 서튼Robert (Bob) Sutton의 블로그.

리더의 품격이 어떻게 회사를 살리는가

1% 리더의 습관

글 | 리치 아이흐
옮김 | 유지훈 · 이현정

초판 1쇄 발행 | 2013년 12월 16일
    2쇄 발행 | 2014년 11월 3일

펴낸이 | 신난향
편집위원 | 박영배
펴낸곳 | (주)맥스교육(맥스미디어)
출판등록 | 2011년 08월 17일(제321-2011-000157호)
주소 | 서울특별시 서초구 양재동 275-1 삼호물산 빌딩 A동 4층
전화 | 02-589-5133(대표전화)
팩스 | 02-589-5088
홈페이지 | www.maksmedia.co.kr

기획 · 편집 | 박서경 최정미 김경애
디자인 | 이경미 김아름
영업 · 마케팅 | 김찬우 이일권 박해수
경영지원팀 | 장주열
인쇄 | 삼보아트

Photo Credit ⓒ shutterstock.com
Cover / pp.3~260

ISBN 979-11-5571-074-6 13320
정가 14,800원